남명문학의 현장

이 책은 2006년도 경상남도 지원금에 의해 개발되었음.

경상대학교 남명학연구소
남명학교양총서 06

남명문학의 현장

정우락 지음

책머리에

　경상대학교 남명학연구소가 설립되고 뒤이어 남명학 관련 연구기관과 학회가 생기면서 남명학에 대한 본격적인 관심을 갖기 시작하였습니다. 불과 15년 남짓한 세월이지만, 각 연구소나 단체에서 간행하는 각종 논문집과 저서 및 역서, 그리고 개인이 내는 많은 글들이 이제 적잖이 축적이 되었다고 할 수 있습니다. 연구 영역도 남명에 대한 것에서부터 시작하여 그 제자들까지 포괄하는 남명학 전체로 이어졌고, 더 나아가서는 동양학 전반으로 확산되어 가고 있습니다.

　이처럼 남명학이 발전을 하게 된 것은 남명선생의 학덕을 사모하는 이 지역 유림들의 전폭적인 지지와 지원에 힘입은 바가 크며, 또한 남명선생의 후손들이 선조를 숭모하는 열정이 남달랐던 것도 하나의 원인으로 들 수 있을 것입니다. 여기에서 더 아나가 경남 지역의 각 공공기관이 남명선생의 가르침을 경남의 정신으로 하고, 그 얼과 정신을 이어받고자 애를 많이 쓰고 있는 것도 남명학이 오늘날에 이르는 데에 큰 기여를 하였습니다.

　특히 경상남도에서는 해마다 남명학의 연구 및 보급을 위해 남명학연구소에 재정적인 지원을 아끼지 않고 있습니다. 이러한 지원은 남명학연구소에서 발행하는 『남명학연구』가 1년에 두 차례 빠짐없이 발행이 되고, 또한 한국학술진흥재단의 등재지가 되는 데에 큰 힘이 되었습니다. 이처럼 남명학연구소에서는 경상남도의 이러한 지원을 받아 전문적인 학술연구를 위한 사업에 투명하게 사용하고 있을 뿐만 아니라, 작년부터는 이 예산의 일부를 가지고 일반 교양인들에게도 쉽게 남명학을 이해할 수 있도록 남명학 교양총서를 기획하였습니다.

　남명 및 남명학 관련 내용을 부담 없이 볼 수 있도록 내용도 쉽고, 크기도 작게 하여 매년 4책씩 5년간 총 20책을 개발하기로 하였습니다. 2005년부터 개발에 착수하여 2006년부터 본격적으로 남명학 교양총서가 발간되고 있습니다. 지금까지의 남명학 연구가 그 깊이를 위한 것이었다면, 지금 시도하는 교양총서 간행사업은 그 넓이를 위한 것이라 하겠습니다. 깊이가 있어서 넓게 팔 수 있는 것처럼, 이제까지 깊이 연구한 것을 바탕으로 널리 여러 사람에게 그 결과를 보급하는 것이 필요합니다. 우리가 기획한 교양총서가 완간이 되면, 남명학이 일반인들에게 보다 넓게 그리고 가깝게 다가가 있지 않을까 생각합니다.

　그가 척박한 연구 환경 속에서 남명학에 관심을 두고 묵묵히 연구를 계속해 온 여러 연구자분들과 남명선생을 존모하는 후학 및 후손 여러분들께 감사드리며, 특히 매년 재정적인 지원을 해 주시는 경상남도 관계자 여러분들께 깊은 감사의 뜻을 전합니다.

2006년 12월
경상대학교 남명학연구소장 **허 권 수** 근계

목차 *contents*

▫ 책머리에

제1장 남명정신 찾아가기 / 1
1. 남명을 찾아가는 방법 ····································· 1
2. 부동과 역동 — 뇌룡사 ···································· 4
3. 현실과 초월 — 청학동 ···································· 9
4. 도가와 유가 — 함벽루 ··································· 15
5. 입덕의 길, 군자의 길 ···································· 20

제2장 김해 지역 / 23
1. 깊은 산 높은 바다, 고뇌하는 남명 — 산해정(1) ············ 23
2. 산해정에서 세상을 꿈꾸는 남명 — 산해정(2) ·············· 28
3. 집도 아들도 없는 것이 중과 비슷하고 — 산해정(3) ········ 32

제3장 합천 지역 / 39
1. 남명이 생각한 참된 관인상 — 이영공유애비 ··············· 39
2. 자연과 인간을 함께 사랑한 남명 — 황계폭포 ·············· 44
3. 강산풍월의 무언설無言說 — 사미정 ······················ 49
4. 황둔강, 그 끝없이 흐르는 한의 깊이 — 황강정 ············ 55
5. 아아! 여기가 내 아버지의 묘소다 — 선고 묘갈 ············ 60

제4장 산청 지역 / 67

1. 산의 품으로 기르는 정대正大한 하늘 － 산천재 ………… 67
2. 남명의 사물관과 풍자의 세계 － 단속사정당매 ………… 72
3. 천하의 영웅들을 부끄럽게 하는 것 － 백운동 ………… 78
4. 네 가지를 같이 한 남명의 친구 － 청향당 ………… 83

제5장 기타 지역 / 89

1. 매부의 집에서 본 풍경 혹은 시간 － 고령 월담정 ………… 89
2. 천 섬의 맑은 물로 마음을 씻은 자리 － 거창 포연 ………… 95
3. 하얀 돌의 이마에 흐르는 맑은 구름 한 자락
   － 함양 화림동 ………… 101
4. 거북을 보며 장육두문藏六杜門을 생각하며
   － 영천 완귀정 ………… 107
5. 포석정 혹은 신라의 빛과 그늘 － 경주 포석정 ………… 114
6. 푸른 물 푸른 대나무에 은화살로 흐르는 달빛
   － 양산 쌍벽루 ………… 120
7. 소반에 담긴 두류산 먹어도 다함이 없네
   － 남원 사계정사 ………… 125

제6장 행단에 관한 상상력 / 131

1. 행단이 있는 공묘 스케치 － 행단(1) ………… 131
2. 남명이 그린 공자의 강학 풍경 － 행단(2) ………… 140

제1장
남명정신 찾아가기

1. 남명을 찾아가는 방법

우리가 찾아가고자 하는 남명, 그는 누구인가? 남명은 1501년 6월 26일 지금의 경상남도 합천군 삼가면에서 태어나 1572년 2월 8일 지리산 아래 덕산에서 타계하였으니 향년이 72세였다. 그의 삶은 시간적 질서에 의한 변이과정을 거친다. 다양한 학문에 관심을 보이며 수학에 전념했던 수학기修學期(1~25세), 현실 대응을 어떻게 할 것인가에 대하여 고민한 모색기摸索期(26~45세), 자신의 독자적

남명 조식(1501~1572)

인 세계를 확고히 한 정립기定立期(46~60세), 여러 제자들을 통해 학문을 축적하여 후세를 기약한 온축기蘊蓄期(61~72세)가 그것이다. 수학기의 남명은 아버지의 임지를 따라다니거나 하면서 다양한 학문을 접하고, 모색기의 남명은 김해에 산해정山海亭을 지어 놓고 세상을 위해서 자신이 어떤 일을 할 수 있을까에 대하여 고민한다. 정립기에는 삼가에 뇌룡사雷龍舍와 계부당鷄伏堂을 지어 퇴처를 통한 현실비판이라는 역설적 세계를 구축하였고, 온축기에는 덕산에 산천재山天齋를 지어 놓고 '경의敬義정신'에 입각한 실천유학을 제자들에게 전수한다. 이에 따른 치열한 삶의 흔적들도 도처에 남긴다.

    남명사상의 현장을 찾아가는 방법은 여러 가지가 있다. 첫 번째로는 앞서 제시한 산해정, 뇌룡사, 산천재 등을 찾아가 이와 관련한 삶의 특징을 이야기할 수도 있고, 두 번째로는 남명이 지리산을 특히 좋아하였을 뿐만 아니라 기행문 또한 남기고 있으니 이를 따라 밟으며 그의 자연과 인간에 대한 생각을 더듬어 볼 수도 있다. 그리고 세 번째로는 철학과 문학의 미분화 상태에서 창작된 작품, 그 현장을 찾아가 남명이 던진 메시지를 조합할 수도 있고, 네 번째로는 광대한 남명의 정신 영역에서 중핵을 이룬다고 생각하는 부분을 중심으로 답사할 수도 있다. 첫 번째 방법은 생애를 순차적 시간에 의거해서 살펴보고

덕천서원

자 할 때, 두 번째 방법은 자연을 바라보는 기본 관점을 이해하고자 할 때, 세 번째 방법은 남명이 사물과 벌이는 치열한 상상력의 행방을 찾고자 할 때, 네 번째 방법은 남명 사상의 중심에 바로 접근하고자 할 때 유리하다. 우리는 가장 마지막의 경우를 선택하려 한다. 이 방법은 첫 번째에서 세 번째까지의 어느 한 가지에 얽매이지 않고, 사상의 현장 역시 자유롭게 선택할 수 있는 장점이 있기 때문이다.

지금까지 남명 사상은 다양하게 설명되어 왔다. 나는 그 다양한 설명의 근저에 남명의 역설(paradox)이 있다고 생각한다. 역설은 얼른 보기에는 모순되거나 불합리한 것 같지만, 면밀히 관찰하고 깊이 생각해 보면 진실된 의미가 도사리고 있는 것을 말한다. 우리는 처음에 그 명백한 비논리성에 당혹감을 느끼지만 다시 곰곰이 생각해 보면 근본적으로 옳은 말이라는 것을 수긍하게 된다. 이처럼 의혹이 정반대의 수긍으로 급변하는 데서 우리는 미적 쾌감을 경험하게 된다. 남명은 이를 부동과 역동, 현실과 초월, 도가와 유가 등의 개념을 통해 표출시켰다. 이 양극구도 속에서 그의 정신세계는 변전과 발전, 그리고 창조를 이룩하였다. 남명 정신 가운데 역설의 미학을 살필 수 있는 곳으로 우리는 첫 번째 방법에서 뇌룡사, 두 번째 방법에서는 청학동, 세 번째 방법에서의 함벽루를 선택할 수 있다. 뇌룡사는 남명이 장년을 보냈던 곳이고, 청학동은 지리산 유람을 통해 방문한 곳이며, 함벽루는 사상적 고뇌를 작품으로 표현한 곳이다. 여기서 우리는 모순이 가져다주는 탄력을 경험하게 되고, 또한 논리의 단절에도 불구하고 통일된 구도를 성취하는 남명 정신의 특성을 이해하게 된다.

2. 부동과 역동 – 뇌룡사

경남 합천에서 진주방면 국도를 타고 가다가 보면 의령으로 갈라지는 대의 삼거리가 나온다. 그 대의 삼거리에서 삼가면 토동 쪽으로 조금 들어가면 뇌룡사를 쉽게 만날 수 있다. 토동은 남명이 태어난 곳으로 그의 외가가 있는 곳이다. 이 때문에 토동에는 생가 터가 있으며 뇌룡사가 있을 수 있었다. 이 밖에 함양涵養하기를 닭이 알을 품듯이 한다는 뜻에서 따온 계부당鷄伏堂이 더 있었다. 뇌룡사는 남명이 48세(1548) 되던 해 계부당과 함께 건립한 것인데, 61세 때 지리산의 산천재로 들어가기 직전까지 살게 되니

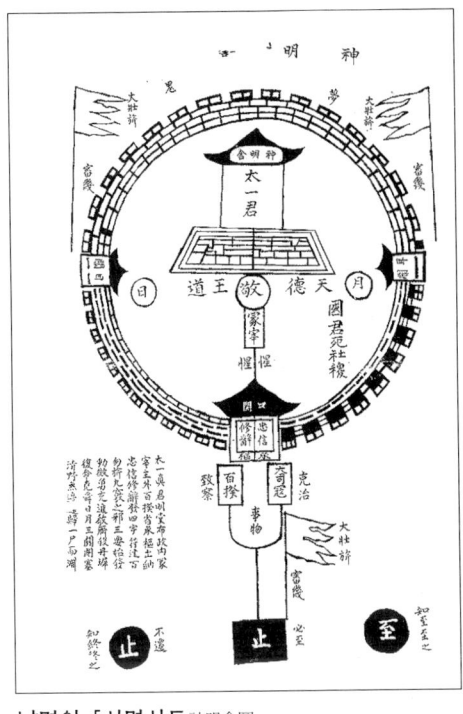

남명의 「신명사도神明舍圖」

여기서 12년간 생활을 한 것이다. 뇌룡사는 임란으로 소실되었다가 1885년에 중건되어 오늘에 전한다. 이 때 이름을 뇌룡사에서 뇌룡정으로 고쳤으며, 집의 구조는 남명의 「신명사도神明舍圖」에 의거하였다. 그러니까 우리의 마음에 해당하는 태일진군太一眞君이 있는 뇌룡정을 중심으로 앞으로는 구관口關에 해당하는 큰 문, 왼쪽과 오른쪽으로는 각각 이관耳關과 목

관關에 해당하는 작은 문이 있다. 조그마한 정자에 문이 세 개나 있는 셈이다. 이 건물을 「신명사도」에 의거하여 지었으니, 그 의미의 제시라 할 수 있는 「신명사명神明舍銘」에 대해 살펴볼 필요가 있다.

태일진군이,	太一眞君
명당에서 정치를 베푼다.	明堂布政
안에서는 총재가 주장하고,	內冢宰主
밖에서는 백규가 살핀다.	外百揆省
추밀을 받들어 말을 내고 들임에,	承樞出納
진실과 믿음으로써 말을 닦는다.	忠信修辭
네 글자로 부를 발하고,	發四字符
백 가지 금지의 깃발을 세운다.	建百勿旂
아홉 개 구멍의 사특함은,	九竅之邪
입과 눈, 귀에서 처음 생기는 것.	三要始發
미세한 움직임에도 용감하게 이겨내고,	動微勇克
나아가 반드시 섬멸토록 한다.	進敎廝殺
임금의 뜨락에 와 승리를 복명하니,	丹墀復命
태평성세의 그 해와 달이다.	堯舜日月
입과 눈, 귀의 관문을 닫으면,	三關閉塞
맑은 들이 그지없다.	淸野無邊
다시 하나로 돌아가니,	還歸一
시동같으며 또한 연못 같다.	尸而淵

남명은 그의 「패검명佩劍銘」에서 '안으로 마음을 밝히는 것을 경이라[內明者敬] 하고 밖으로 행동을 결단하는 것을 의라[外斷者義]'고 하였다. 『주역』의 경의사상을 수용하는 입장에서 '경'과 '의'의 관계가

내외의 관계, 혹은 표리의 관계에 있다는 것을 보이면서 이를 수양론의 핵심으로 삼았다. 이 경의의 의미를 명확히 하기 위해 구도화하여 「신명사도」라는 '경의도'를 그리고 아울러 거기에 잠명도 썼다. 위의 자료가 바로 그 잠명이다. 이 글에서 남명은 자신의 마음을 지키기 위하여 인욕을 막고 천리를 구하자는 것을 '경(총재)'과 '의(백규)'를 들어 비유적으로 표현하고 있다. 즉 마음[太一眞君]이 마음의 집[神明舍]에서 안으로 밝게 하는 '경'을 두어 일을 주장하게 하고, 밖으로 행동을 결단하는 의를 두어 살피게 하여, 인욕을 완전히 버리고 천리로 돌아가 성인의 심적 상태를 유지하고자 하였던 것이다. 우리는 여기서 가장 마지막 구에 제시되어 있는 '시이연尸而淵'을 주목하고자 한다. 남명 정신의 역설구도를 살필 수 있는 단서가 되기 때문이다.

'시이연'은 『장자』 「재유」의 '시거이용현, 연묵이뇌성(尸居而龍見, 淵默而雷聲)'을 줄인 표현이다. 시동처럼 가만히 있으면서도 용처럼 나타나고, 연못처럼 고요하면서도 우레의 소리를 낸다는 것으로 해석된다. 뇌룡사는 바로 여기서 따 온 이름이다. 남명은 이 구절을 정자程子가 중시한 것이라며 「학기류편」에 인용해 두기도 하고, 「신언명」에서는 '시룡연뇌尸龍淵雷'라는 축약적 표현을 쓰기도 하였다. 그리고 '우레[雷]' 같은 소리를 내려면 몸을 깊이 감추고 있어야

제1장 남명정신 찾아가기

뇌룡정

하며, 용龍 같은 모습을 드러내려면 바다처럼 침잠해야 한다'면서 장자의 말을 변용한 명을 짓기도 하였으며, 이를 다시 '뇌룡'으로 축약하여 자신의 당호로 삼기도 했다. 이로써 우리는 남명이 무엇보다 이 말을 중시한 것에 대해 알 수 있다. 그 이유가 무엇일까? 바로 자신의 역설적 세계관과 결합되기 때문이었다.

남명은 「신명사명」에서는 '시이연'이라 했고, 당호에서는 '뇌룡'이라 했다. 전자는 시동이나 연못처럼 고요하다는 것이며, 후자는 우레나 용처럼 드러난다는 것이다. 이 둘을 함께 이야기 하자니 「신언명」에서처럼 '시룡연뇌'라 축약할 필요가 있었다. 즉 '시'의 고요함은 '용'의 드러남이고, '연'의 침묵은

'뇌'의 소리라는 것이니, '시연'의 부동과 '용뇌'의 역동이 동시에 작용하는 팽팽한 모순을 만들어낸다. 즉 역설적 구도를 성립시키는 것이다. 그는 이것을 자신의 삶에 그대로 적용시킨다. 즉 이곳 뇌룡사에서 처사적 삶을 살아가면서도, 저 유명한 「을묘사직소」를 올려 명종을 고사孤嗣로 문정왕후를 과부寡婦로 질타하며 현실 정치의 난맥상을 맹렬히 비판하였던 것이다. 처사적 삶이 시거尸居 혹은 연묵淵默이라는 부동의 삶이라면, 현실에 대한 관심과 그 비판적 태도는 용현龍見 혹은 뇌성雷聲이라는 역동적 삶이라 하겠다. 어쩌면 뇌룡이라는 역동적 당호를 내걸고 그 아래 정좌하고 있는 부동의 남명, 그 자체가 역설적이다.

3. 현실과 초월 – 청학동

유사 이래 많은 사람들이 유토피아(Utopia)를 찾아 나섰고 우리의 선조들은 지리산 청학동을 그것으로 보았다. 신선이 살고 있다고 믿었던 것이다. 그러나 청학동을 구체적으로 아는 이는 아무도 없었다. 이 때문에 그 위치에 대한 이론異論도 많이 생겨났다. 쌍계사 뒤 쪽 불일암 일대로 보는 사람이 있는가 하면 악양면 악양천 상류로 보는 사람도 있다. 또한

최치원이 썼다는 쌍계사 입구의 각석

덕평봉 선비샘 아랫쪽이나 연곡사 골짜기, 세석고원 일대, 덕산면 일대, 청암면 묵계리 일대로 보는 사람도 있다. 이 가운데 불일암 일대로 보는 경우가 가장 많았는데 김일손·서산대사·허목, 그리고 남명이 대표적이다. 현재 우리에게 널리 알려진 청암면 묵계리 학동의 청학동은 유불선합일갱정유도교儒佛仙合一更正儒道敎를 신봉하는 사람들이 한국전쟁 이후 청학동이라며 찾아든 곳이니 최근의 일이다.

시대가 어려울수록, 인생이 험난할수록 유토피아는 더욱 그리운 법이다. 저 위난의 시기 신라 말에는 최치원이 이곳을 찾아와서 학을 불렀고-최치원이 학을 불러 타고 다녔다는 환학대喚鶴臺가 쌍계사와 불일암 중간쯤에 있다-, '문관을 쓴 자는 서리라도 죽여서 종자를 남기지 말자'며 무신들이 난(1170)을 일으켰을 때는 이인로가 청학동 찾기를 원했다. 최치원은 '속세를 멀리 떠난 것은 비록 즐거우나, 풍정을 막을 길 없으니 어이하리[遠離塵世雖堪喜, 爭奈風情未

肯闌]!'라며 세속과 선계 사이를 방황하였고, 이인로
는 '지팡이 짚고 청학동을 찾으려 하였으나, 속절없
는 짐승 울음소리만 숲속에서 들리네[策杖欲尋靑鶴洞,
隔林空聽白猿啼]'라며 청학동을 찾지 못하여 탄식하고
결국 최씨 정권에 철저히 타협하는 길을 선택했다.
남명이 살았던 16세기는 사화로 얼룩져 더욱 힘난하
였다. 이를 인식하며 남명은 1558년 4월 19일 쌍계사
를 거쳐 청학동에 오른다. 그러나 남명은 현실을 회
피하기 위하여 청학동을 찾은 것이 아니었다는 데
주목할 필요가 있다. 오히려 건강한 눈으로 현실을
보고자 함이었다. 따라서 쌍계사를 거쳐 청학동에 오
른 남명의 감회는 전혀 새로운 것이었다.

    열 걸음에 한 번 쉬고 열 걸음에 아홉 번 돌아보면
서 비로소 불일암佛日菴이라는 곳에 도착하였다. 곧 세
상에서 청학동靑鶴洞이라고 이르는 곳이었다. 바위로
된 멧부리가 허공에 매달린 듯 내리뻗어서 굽어볼 수
가 없었다. 동쪽에 높고 가파르게 서서 서로 떠받치듯
찌르면서 조금도 양보하지 않는 것은 향로봉香爐峯이
고 서쪽에 푸른 벼랑을 깎아 내어 만 길 낭떠러지로
우뚝 솟아 있는 것은 비로봉毗盧峯이었다. 청학靑鶴 두
세 마리가 그 바위틈에 깃들어 살면서 가끔 날아올라
빙빙 돌다가 하늘을 올라갔다 내려 오곤 했다. 그 밑에
학연鶴淵이 있는데 컴컴하고 어두워서 바닥이 보이지
를 않았다. 좌우상하에 절벽이 고리처럼 둘러서서 겹
겹으로 쌓인 위에 다시 한 층이 더 있고 문득 도는가
하면 문득 합치기도 하였다. 그 위에는 초목이 무성하

제1장 남명정신 찾아가기

게 우거져 온통 뒤덮고 있어 물고기나 새도 또한 지나다닐 수가 없을 정도였다. 게다가 아득하니 도달할 수 없는 곳에서 바람과 천둥이 뒤얽혀 서로 싸우니 마치 하늘과 땅이 열리는 듯 낮도 아니고 밤도 아닌 상태가 되어 문득 물과 바위를 구별할 수 없을 정도였다.

청학동의 바위는 하늘에 매달린 듯하고 동쪽으로는 향로봉이, 서쪽으로는 비로봉이 만길 낭떠러지로 솟아 있었다. 청학 두세 마리가 바위틈에 살면서 하늘을 오르내리며 이곳이 바로 청학동임을 알려 주었다. 그리고 고리처럼 이어지는 절벽은 갈라지다 합쳐지고, 청학의 그림자가 비치는 학연은 그 바닥이 보이지 않는다. 여기서 남명은 천지창조의 신비감 속에 휩싸였다. '바람과 천둥이 뒤얽혀 서로 싸우니 마치 하늘과 땅이 열리는 듯 낮도 아니고 밤도 아닌 상태'라 하면서 거기서 부단한 창조의 변전變轉을 감지하였던 것이다. 남명은 또한 어느 시대 누가 새긴 것인지는 모르지만 이끼 낀 바위에서 '삼신동三神洞'이라는 글자를 발견한다. 삼신은 삼신산의 하나인 방장산을 염두에 둔 표현이고, 이것이 여기에 새겨져 있다는 것은 이곳이 바로 방장산 가운데서도 신선이 사는 청학동임을 말하는 것이다.

신선이 사는 초월의 세계 청학동은 수많은 질곡이 있는 현실 세계와 관련하여 어떤 의미를 지닌 것일까? 부조리로 얼룩진 현실을 사절하고 자신의 내적 정신적 초월만 강조하는 이 신선의 세계는 과연 정당한 것인가? 남명은 청학동에서 여기에 대하여 고민하지 않을 수 없었다. 이 같은 고민을 남명은 「청학동青鶴洞」이라는 7언절구에 고스란히 담아두었다.

> 한 마리 학은 구름으로 솟구쳐 하늘로 올라가고,　　獨鶴穿雲歸上界
> 구슬처럼 흐르는 한 가닥 시내는 인간 세상으로 흐르네.　一溪流玉走人間
> 누 없는 것이 도리어 누가 된다는 것을 알고서,　　從知無累翻爲累
> 산하를 마음으로 느끼고는 보지 않았다고 말하네.　　心地山河語不看

이 작품에서 남명은 하늘과 현실의 매개자로 청학동을 제시하고 초월 공간인 이곳을 들어 오히려 세속적 현실 세계를 강조하고 있다. 즉 역설적 정신구도를 형성시킨다는 것이다. 1구에서는 청학동에서 학이 하늘로 올라간다고 했고, 2구에서는 청학동에서 구슬 같은 한 가닥 시냇물이 인간 세상으로 흐른다고 했다. 청학동은 학을 통해 하늘과 연결되고 물을 통해 인간세상과 이어진다는 것을 인식한 것이다. 여기서 남명이 하늘과 연결되는 '학'을 중시하는가, 인간 세상으로 이어지는 '물'을

청학동의 불일폭포

제1장 남명정신 찾아가기

중시하는가가 문제이다. 이 역설의 공간에서 남명은 고민한다. 그리고 후자를 선택했다. 이는 그가 일찍이 세상을 살아가자면 세상의 얽매임이 없을 수 없다(「독서신응사讀書神凝寺」)고 한 생각과 근본적으로 일치하는 논리이다. 3구에서는 '무루無累'를 '위루爲累'라고 하였으니 역설의 표현미도 살렸다. 결국 4구에서 '산하'라고 하는 초월적 경계를 마음속으로만 느끼고 타개해야 할 현실 세계로 돌아가고자 했다.

그랬다. 남명은 자연이 아름다우면 아름다울수록, 초월적인 경계를 만나면 만날수록 그만큼 부조리한 현실 세계가 그의 의식으로 강하게 육박해 왔다. 화개동천花開洞天의 아름다움을 보면서도 마찬가지였다. 남명은 이곳을 한편으로 조물주가 빼어난 솜씨를 마음껏 발휘한 곳이라고 극찬하면서도, 다른 한편으로 난맥의 현실 세계를 걱정하였다. '쌍계사와 신응사 두 절이 모두 두류산 한복판에 있어 푸른 산봉우리가 하늘을 찌르고 흰 구름이 문을 잠근 듯하여 마치 사람의 연기가 드물게 이를 듯한데도, 이곳 절까지 관가官家의 부역이 폐지되지 않아 양식을 싸들고 무리를 지어 왕래함이 계속 잇달아서 모두 흩어져 떠나가는 형편에 이르렀다'고 한 것이 그것이다. 그리고 '행정은 번거롭고 세금은 과중하여 백성과 군졸이 유망流亡하여 아버지와 아들이 서로를 보호하지도 못하고 있다'고 했다. 이는 남명 정신이 역설에 근간을 두면서도 그 귀착점이 현실주의에 닿아 있기 때문이라 하겠다. 우리는 여기서 아름다운 지리산 그 깊이 속에서 도탄에 빠진 생민을 잊을 수 없었던 남명을 만나게 된다.

4. 도가와 유가 – 함벽루

덕유산 남쪽 자락에 원두源頭를 마련해 두고 거창읍과 합천읍을 지나 낙동강으로 흘러드는 황강黃江, 그 강가에는 수많은 정자가 있다. 이 가운데 합천읍 남쪽 5리 지점의 대야성 발치에 있는 함벽루涵碧樓는 그 경치가 빼어나 예로부터 수많은 시인묵객들이 찾아들어 저마다 상상의 세계를 노략질하였다. 남명을 비롯한 정이오鄭以吾, 표근석表根碩, 이황李滉, 조준趙俊, 권시경權時經, 김시영金始英, 조진익趙鎭翼, 조두순趙斗淳, 민치순閔致純, 이범직李範稷, 허사렴許士廉, 이중하李重夏, 상집尙集, 김영헌金永憲, 김대형金大馨, 문경종文璟種, 최익현崔益鉉, 송병선宋秉璿 등이 그들이다.

『합천군읍지』와 『함벽루지』에 의하면 이 누각은 1321년(충숙왕 8)에 김 아무개가 처음 세웠는데 연대가 오래되어 이름을 알 수 없다고 했다. 1467년(세조 3)에 군수 유륜柳綸, 1681년(숙종 7)에 군수 조지항趙持恒,

1871년(고종 8) 군수 조진익趙鎭翼 등에 의해 거듭 보수되고 새로 세워졌다는 것도 기록해 두고 있다. 함벽루 들보에는 이황의 시와 함께 남명의 시가 마주 보고 걸려 있다. 이황의 시는 단아한 해서체로 쓰여 있고, 남명의 시는 거침없는 초서체로 쓰여 있어 이들의 성향이 대비적 관점에서 노출되어 있다. 영남학파의 병립과 함께 양 학파 종장의 성향을 이해할 수 있는 묘한 분위기를 만들어낸다. 이 가운데 남명의 시 「함벽루」를 읽어보자.

잃은 것을 남곽자 같이 하지는 못해도,	喪非南郭子
강물은 아득하여 앎이 없다네.	江水渺無知
뜬구름 같은 일을 배우고자 하여도,	欲學浮雲事
높은 풍취가 오히려 깨어 버리네.	高風猶破之

장자는 『장자』 「제물론齊物論」에서 남곽자기南郭子綦와 안성자유顔成子游의 대화를 통해 나와 너의 완전한 화합, 완성과 훼손의 일치, 사물과 자아의 평등을 이야기하고 있다. 그는 우리에게 껍데기를 벗어 던지고 생사를 초월하여 스스로가 삶의 참주재자가 되기를 주문하고 있다. 곽상郭象은 여기에 대하여 '하늘과 사람이 같아지고 너와 내가 균등한 까닭에, 밖과 더불어 기뻐할 것이 없으므로 망연하게 몸을 잊은 것이 마치 짝을 잃은 것 같다'고 하면서 남곽자기의 '사상기우似喪其耦'를 풀이하였다. 이 '잃음[喪]'

합천의 함벽루

의 상태는 마른 나무나 죽은 재와 같이 적막하여 정情이 없으며, 모든 것을 자연에 맡겨 현실 세계에서 일어나는 일체의 시비를 잊은 것이므로 천진天眞 그 것일 뿐 다른 무엇이 따로 존재하는 것이 아니라는 것이다.

장자의 이 같은 생각을 남명은 적극적으로 받아 들인다. 그리고 현실 세계가 지니고 있는 시비를 모두 벗어나 나의 존재까지 망각한 '잃음[喪]'의 경지를 그리워하였던 것이다. 「함벽루」1구에서 '남곽자'를 부른 이유도 여기에 있으며, 2구에서처럼 함벽루에 높다랗게 올라 시비를 버리고 아득히 흘러가는 강물을 바라보면서 자신 역시 그 세계에 의식이 닿아 있

제1장 남명정신 찾아가기

음을 보여 준 것도 같은 이유에서였다.

그러나 3구에서 대전환이 일어난다. '잃음'의 경지를 부정하고 있기 때문이다. 남명은 여기서 '부운사浮雲事'를 배우고자 했음을 실토한다. 이 '부운사'에 대한 이해는 간단하지가 않다. 이를 현실의 시비를 뜬구름과 같이 보는 세계관이라고 볼 수도 있고, 『논어』「술이」에서 공자가 제시한 것처럼 부귀와 같은 현실 세계의 공명을 뜬구름으로 보는 세계관이라 볼 수도 있다. 이 양자 가운데 어느 것을 선택하느냐에 따라 남명의 작품 「함벽루」는 그 성격을 달리한다. 즉 전자로 보면 현실 세계에서 있을 수밖에 없는 유무有無와 시비是非를 떠난 자유의 세계로 들어간다는 것이고, 후자로 보면 현실 세계에서 말하는 도리의 반대편에 있는 부귀를 부정하고 질서의 세계로 나아간다는 것이다. 전자는 현실을 부정하는 데서 출발하고 후자는 현실을 긍정하는 데서 출발한다. 여기에 따라 4구의 '고풍'도 의미를 달리하게 된다. 전자에 근거하면 현실부정적 세계관을 깨는 바람이니 고풍은 유가적 의미 안에 존재하게 되고, 후자에 근거하면 부귀가 있는 현실긍정적 세계관을 깨는 바람이니 고풍은 도가적 의미 안에 존재하게 된다.

여기서 우리는 심각한 갈림길에 놓이게 된다. 시비를 완전히 잃어버리고 현실을 초월하여 자유를 구가한 도가적 세계관의 소유자로 남명을 볼 것인가,

아니면 시비를 따져 현실에 질서를 부여하는 유가적 세계관의 소유자로 남명을 볼 것인가 하는 것이다. 이 둘의 문제는 남명을 이해하는 데 있어 당대부터 항상 따라다니던 문제였다. 이 문제에 대하여 나는 일찍이 남명의 의식 속에 세계에 대한 두 지향이 있으며 이 같은 모순은 상호운동에 의해 발전적 세계를 성취하는 것으로 나타난다면서 남명의 의식구도를 설명한 적이 있다. 「함벽루」에서 이것은 요약되어 있는 바, 1구와 2구에서 보여 주었던 '잃음'의 도가적 경계가 3구의 '부운사'에 의해 전환이 마련되고, 결국 4구에서 '고풍'을 등장시켜 깨어 버리면서 차원을 달리한 유가적 현실로 되돌아 나오는 과정을 보여 주고 있다. 즉 도가와 유가의 역설 논리가 변증법적 발전과정을 거치면서 차원변화를 일으키고 있는 것이다.

남명은 유가적 세계를 지녔으되 통상의 유가는 아니었고, 도가적 세계에 관심을 두었으나 흔히 아는 도가가 아니었다. 남명은 장자와 같이 완전한 포기가 완전한 획득이라는 것을 알고 있었다. 그러나 아득히 흘러가는 강물을 바라보면서 자신의 방기放棄는 이룩하였으나 세상을 잊을 수가 없었다. 이 때문에 다른 곳에서 '바람에 떨리는 나무를 생각하고, 의리를 지키다 억울하게 당한 사람을 생각한다네'라며 슬피 노래할 수 있었다. 자연 속에서 바람이 일어나 나뭇가지가 흔들려 나뭇잎이 떨어지는 것을 보고, 사화로 죽은 친구들의 목숨을 생각하게 되었던 것이다. 자연 속에서 도가적 자유의 삶을 영위하고자 하였으나 남명은 마침내 세상을 잊을 수가 없었던 것이다. 이 같이 도가적 자유의 세계와 유가적 질서의 세계가 서로 충돌하면서 남명 정신의 역설구도를 형성시키게 된다.

5. 입덕의 길, 군자의 길

남명의 역설은 표현 효과만을 노린 충격장치가 아니다. 우리로 하여금 현실과 사상에 대한 깊은 이해를 촉구하기 위한 것이었다. 뇌룡사에서는 부동과 역동의 역설구도를 통해 처사적 삶 속에서의 강렬한 비판의식을 가졌고, 청학동에는 초월과 현실의 역설구도를 통해 극복해야 할 현실을 강조하였으며, 함벽루에서는 도가와 유가의 역설구도를 통해 유가적 질서의 세계를 보여 주었다. 이렇게 볼 때 남명의 정신

지리산 천왕봉

은 어느 한 곳으로의 일방적인 집착이나 매몰이 아니라 그 반대편의 세계를 인정하면서 이 두 세계가 서로 운동하고 발전하게 한다. 즉 변증법적 요소가 있다는 것이다. 남명은 '경의사상'을 근간으로 한 유가적 수양론으로 실천적 지식인상을 끝없이 요구하지만, 그의 호 '남명'에서 볼 수 있듯이 대붕이 나는 거대한 도가적 자유를 모색한다. 남명의 정신을 어느 하나만으로 설명할 수 없는 이유가 바로 여기에 있다.

덕산 초입에 있는 입덕문

남명은 여러 곳으로 이동하면서 그 사유의 세계를 넓혀 갔다. 그의 삶의 영역은 내륙에서 해안까지, 중앙에서 지방까지 두루 걸쳐 있다. 그리고 여러 번의 답사를 거쳐 천왕봉이 바라보이는 덕산동을 만년 은거지로 삼는다. '봄 산 어디엔들 꽃다운 풀이야 없으리오마는, 다만 천왕봉이 상제와 가까이 있음을 사랑해서라네'라고 노래하며 천왕봉을 닮아 가고자 했다. 그리고 하늘이 울어도 울지 않는 지리산 같이 되고 싶었다. 남명은 덕산으로

제1장 남명정신 찾아가기

들어오는 초입을 입덕入德으로 불렀고, 훗날 그의 제자 이제신李濟臣은 그곳에 입덕문이라는 돌에 새겼고, 배대유裵大維가 다시 써서 오늘에 전한다. 덕산으로 들어오는 곳이기 때문에 '입덕'이라 하였겠지만 단순히 이것만은 아니었다. 『중용』에서 제시하는 '입덕'과 관련한 역설적 세계를 염두에 둔 것이다. 그는 숨어 있었지만 그의 정신은 세월이 갈수록 오히려 빛난다. 이를 통해 우리는 은미隱微한 것이 결국 드러난다는 역설의 논리를 다시 발견하게 된다. 이제 『중용』의 '입덕'에 관한 역설을 제시해 보자.

> 『시경』에서 노래했네.
> "비단옷을 입고 홑옷을 덧입는도다"
> 이는 그 문채가 너무 드러남을 싫어해서이지.
> 그러므로,
> 군자의 도는
> 은은하되 날이 갈수록 드러나고,
> 소인의 도는
> 선명하되 날이 갈수록 그 빛 사라지나니
> 군자의 도는
> 담박하되 싫지 않으며,
> 간략하되 빛나며,
> 온화하되 조리가 있는 것
> 먼 것은 가까운 곳에서 시작함을 알며,
> 바람이 일어나는 그 곳을 알며,
> 은미隱微함이 결국 드러난다는 것을 안다면,
> 더불어 입덕入德할 수 있을 것이라네.

제2장

김해 지역

1. 깊은 산 높은 바다, 고뇌하는 남명
   − 산해정(1)

우리는 오늘 남명의 산해정에 오르려한다. 이곳은 남명이 세상을 위해서 자신이 무엇을 할 수 있는가를 진지하게 모색했던 곳이다. 그가 30세 되던 해 이곳으로 왔던 결정적인 이유는 어머니를 제대로 모시기 위한 것이었다. 정인홍이 쓴 「행장」에 의하면 '삼가에는 선대의 전답이 매우 적었는데, 흉년이 들기라도 하면 집안 사람들이 변변찮은 끼니조차 제대로 잇지 못했다'라고 한 증언을 통해 그 실마리를 찾을 수 있다. 즉 28세에 아버지의 상기喪期를 마치고 주위 산사에서 독서를 하면서 굶주리는 어머니를 생각하게 된다. 그리고 아내와 합의하여 아내의 고향인

산해정 현판

김해에 가서 살기로 결심한다. 당시의 자녀균분 상속제도에 의해 김해에는 아내의 재산이 많이 있었기 때문이다. 게다가 김해는 지역적으로 바다와 가까워 어머니를 봉양하는 데 여러 모로 편리한 점이 있었던 것이다. 남명은 아내의 도움을 받아 이곳에 산해정이라는 정자를 짓게 된다.

남명이 정자의 이름을 산해정으로 한 데는 그만한 이유가 있었다. 이는 높은 산에 올라가 넓은 바다를 본다는 의미와 함께 산처럼 높고 바다처럼 깊은 학문을 이루겠다는 의지의 표현이었기 때문이다. '남명'이라는 호를 여기서 비로소 사용한 것에서도 알 수 있듯이 노장적 세계를 받아들이면서 거대한 정신세계를 구축하자는 것이었다. 그러나 이 같은 생각에만 치우치면 학문이 성글고 만다. 그리하여 남명은 자신의 방 이름을 '계명繼明'이라 하면서 사고를 더욱 치밀하게 할 필요가 있었다. '계명'은 고인의 도를 계승하여 오늘날 다시 밝힌다는 의미이다. 계명실을 들어서면 유가 경전을 중심으로 다양한 책들이 쌓여 있고, 벽에는 좌우명도 붙어 있다. '용신용근庸信庸謹

한사존성閑邪存誠 악립연충岳立淵冲 엽엽춘영燁燁春榮', 즉 '항상 신실하고 항상 삼가서 간사함을 막고 성실함을 보존하라. 산처럼 우뚝하고 못처럼 깊숙이 잠기면 환하게 빛나 봄처럼 영화로우리라'라는 의미였다. 여기서 우리는 산해정에서 가졌던 남명의 포부를 구체적으로 읽어낼 수 있다. 즉 자신을 '성실'하게 하는 고인의 도를 계승하면서도 '산해' 같은 거대한 세계를 구축하자는 것이었다.

포부가 있었으니, 과거를 통해 세상에 나아가 민생을 구제하고 싶기도 했다. 이 때문에 남명은 33세와 36세 되던 해 향시에 나아가 각각 1등과 3등을 하게 된다. 어머니의 부탁이 있었기 때문이라고는 하나

김해의 산해정

그 역시 관리가 되어 더욱 적극적으로 정치현실에 참여하여 포부를 펴고 싶었던 것이다. 남명은 뒷날 황강 이희안이 고향으로 돌아왔다는 소식을 듣고 이를 회고한 적이 있다. '산해정에서 꾼 꿈이 몇 번이던가, 황강黃江노인 뺨에 흰 눈이 가득한 모습을[山海亭中夢幾回, 黃江老叟雪盈腮]'이라고 노래한 것이 그것이다. 결국 남명은 산해정에서 황강 등과 과거에 대한 꿈을 버리지 못했던 것이다. 그러나 불행히도 34세에는 회시會試에 나아갔으나 성공하지 못했고, 37세에는 아예 회시에 나가는 것도 포기하고 말았다. 궂은 비 쓸쓸히 내리는 어느 날, 남명은 산해정에서 이를 괴로워하면서 다음과 같은 작품을 남긴다.

산 속의 거처 늘 어둑어둑한 데 있기에,	山居長在晦冥間
해를 볼 기약 없고 땅을 보기도 어려워라.	見日無期見地難
하느님은 도리어 경비를 단단히 하여,	上帝還應成戌會
얼굴 반쪽도 일찍이 열어 보인 적 없다네.	未曾開了半邊顔

「산해정고우山海亭苦雨」의 전문이다. 과거를 통해 현실로 나아가고자 했던 산해정에 비가 내렸다. 이 때문에 거처는 어둑어둑하고 해가 보일 기미는 없었다. 여기서 남명은 우주만물의 주재자인 '상제'에게 은근한 불만을 갖는다. 경비를 너무 단단히 하여 자신에게 해를 조금도 보여 주지 않는다고 한 것이 그것이다. 이 작품은 얼핏 보아도 그의 괴로운 심정을

궂은 비에 의탁하고 있다는 것을 알 수 있다. '해'는 군주를 뜻하고, 이 해를 볼 수 없다고 하였으니 과거 실패에 대한 괴로움을 토로한 것이라 하겠다. 나아가 상제에게 불만을 토로함으로써 그의 불운을 아울러 한탄하고 있다. 여기서 우리는 남명의 인간적 매력을 느끼게 된다. 마치 공자가 공산불뉴公山不狃의 반란에 가담하려고 했던 어리석음처럼 말이다. 급기야 남명은 세상의 도리가 날마다 흐려지고, 배운 것이 시속時俗과 어긋난다는 것을 절감하고 과거를 통해 적극적으로 현실정치에 참여하는 길을 포기한다. 어머니께 이 사실을 아뢰어 헛된 희망을 버리게 하는 것 역시 잊지 않았다. 남명이 회시를 포기한 37세 되던 해였다.

산해정은 남명의 생애에 있어 대단히 중요한 곳이다. 남명은 이 산해정에서 30세부터 어머니가 돌아가시는 45세까지 살게 된다. 이때 남명은 자신이 세상을 위해서 무엇을 할 수 있을까 하는 것을 심각하게 고뇌하였다. 그 하나의 길은 관리가 되어 민생을 보살피는 일이고, 다른 하나는 고인들의 도를 계승해 밝히는 일이었다. 전자를 위하여 남명은 과거를 보았다. 그러나 이것이 자신의 본분이 아님을 깨닫고 어머니에게 자신의 뜻을 분명히 설명한 후 37세 되던 해에 과거를 완전히 포기한다. 그리고 위기지학爲己之學에 근간을 둔 수양 공부를 치밀하게 해 나가면서

제2장 김해 지역

친구 혹은 제자들과의 학문 활동을 전개한다. 이는 남명이 일생을 들어 추구했던 집요한 사명의식에 근거한 것이면서 스스로의 존재 이유를 명확히 하는 길이었다.

2. 세상을 꿈꾸는 남명 — 산해정(2)

남명의 산해정 시절은 현실에 대한 비판적 시각을 확고히 했던 시기이기도 하다. 남명의 전 생애를 들어 특징적으로 나타나는 것이 여럿 있다. 사화가 가정 안팎으로 관련되어 있었다는 것 역시 그 하나이다. 4세(1504)에는 갑자사화가 일어나 외계에 속하는 조지서趙之瑞(1454~1504)가 화를 당하고, 19세(1519)에는 기묘사화가 일어나 숙부 언경彦卿이 연루되어 파직된 지 얼마 안 되어 돌아가신다. 또 45세(1545)에는 을사사화가 일어나 평소 친분이 두텁던 이림李霖(?~1546), 곽순郭珣(1502~1545), 성우成遇(1497~1579) 등이 연루되어 희생당한다. 특히 45세에 들은 친구들의 죽음에 관한 소식은 그에게 엄청난 충격을 안겨 주었다. '선생께서 말씀하시다가 말이 이들에게 미치면 목이 메어서 눈물을 흘리기까지 하였다'는 『언행총록』의 기록은 이를 잘 대변한다. 안으로는 가족이 연루되어 있었으며 밖으로는 친구와 외족이 연루되어 있었던 사화, 남명은 이 사화에 민감한 반응을 보이면서 희생된 이들을 추모하는 한편 자신의 정치에 대한 비판적 입장을 강화시켜 나갔던 것이다.

그리고 이 시기에는 왜에 대한 인식도 명확히 했다. 바닷가에 살면서 해안에 출몰하는 왜적들을 여러 번 보았기 때문일 것이다. 이 같은 경험은 그의 작품에 '대마도'가 자주 등장하게 했고, 급기야 조정 대신들의 안일한 대응을 비판하면서 제자들로 하여금 왜적에 대한 대비책을 강구하게 하였다. 왜에 대한 남명의 이 같은 경계가 그의 사후 문하에 수많은 의병장을 있게 했을 것이다. 남명이 산해정에 살면서 「재산해정차주경유운在山海亭次周景游韻」을 지은 바 있다. 같은 입장에서 이해되는 작품이다.

아름다울 손, 풍기豊基 군수여!	可矣豊基倅
내 집 문을 지나다 말을 매었네.	行騑繫我門
왕도王道를 낱낱이 담론하니,	箇箇談王口
오늘날 세상 사람들에게 존경 받는다네.	於今爲世尊

경유는 주세붕周世鵬(1495~1554)의 자이다. 그는 1543년 풍기 군수로 있을 때 우리 나라 최초의 서원인 백운동서원白雲洞書院을 세운 사람으로 유명하다. 위의 시는 주세붕이 남명의 산해정을 찾아 왕도에 대하여 이야기했던 일단을 보여 준다. 왕도정치는 인仁과 덕德을 바탕으로 하는 유가의 이상적 정치형태

주세붕 영정(보물 제717호)

이다. 덕을 정치의 원리로 삼는 사상은 이미 『서경書經』이나 『논어』 등에서도 보이지만, 왕도를 패도霸道와 대비시켜 명확하게 말한 것은 전국시대의 맹자孟子였다. 그는 인의仁義라는 덕을 기반으로 하여, 왕도와 패도를 엄격히 구별하고, "힘으로써 인을 가식하는 자는 패霸이다. 패는 반드시 대국大國을 가진다. 덕으로써 인을 행하는 자는 왕이다. 왕자는 대大를 기대하지 않는다. 힘으로써 사람들을 복종시키는 자는 심복心服시키는 것이 아니며, 덕으로써 사람들을 복종시키는 자는 마음 속으로 참되게 복종시키는 것이다"라고 「공손추편公孫丑篇」에서 갈파하고 있다. 이에 따르면 인의의 덕이 안으로 충실하여 그것이 선정善政으로 나타나는 것이 왕도이며, 인정仁政을 가장하고 권력정치를 행하는 것은 패도라는 것이다. 맹자의 왕패론王霸論이 인仁에다가 위威를 더함으로써 패도정치의 존재의의를 시인했던 순자荀子의 것보다 관념적이긴 하지만, 유가에서 지속적으로 지지받아 왔던 대표적 정치형태였다. 왕도정치에 대한 남명의 생각은 훗날 조정에 올린 「무진봉사」, 「을묘사직소」 등의 상소문에도 잘 나타난다.

전하께서 과연 경敬으로써 몸을 닦으면서, 하늘의 덕에 통하고 왕도를 행하셔서, 지극한 선에 이른 뒤에 그치신다면, 밝음과 정성됨이 함께 나아가서 사물과 내가 겸하여 다할 것입니다. 이것을 정치교화에다 베푸는 것은 바람이 일어나자 구름이 몰려가는 것 같으니, 아래 백성이 본받는 것이 반드시 이보다 더한 바가 있을 것입니다.

다른 날 전하께서 왕천하王天下의 지경에 이르도록 덕화를 베푸신다면 저는 마구간의 말석에서나마 채찍을 잡고 그 마음과 힘을 다해서 신하의 직분을 다할 것이니 어찌 임금을 섬길 날이 없겠습니까?

앞의 것은 「무진봉사」의 일부이고, 뒤의 것은 「을묘사직소」의 일부이다. 즉 군주가 왕도정치를 시행하는 데 있어서 먼저 '경'으로 자신을 닦아야 한다고 하면서, 스스로의 몸을 닦은 후에 백성을 다스린다면 군주와 백성이 함께 지극한 경지에 이를 것이라 했다. 이때 교화를 베푼다면 그야말로 바람과 구름의 관계처럼 백성들은 모두 본받을 것이라고 역설하였다. 이처럼 군주가 덕으로 사람을 다스리는 왕도정치가 실행된다면 자신은 기꺼이 관직의 말석에서라도 소임을 다할 것임을 분명히 하였다. 이 글들이 남명의 산해정기에 쓰인 것은 아니라 해도 그의 왕도정치에 대한 열망을 분명히 읽을 수 있다. 또한 그의 불출사가 무엇 때문에 그렇게 강고했는지를 우리로 하여금 비로소 알게 한다. 인의仁義라는 덕에 의하여

제2장 김해 지역

위기적 현실을 바로잡고, 사회에 질서와 안정을 부여하고자 하는 왕도는 남명의 관점에서는 요원한 것이었고, 이것이 결국 그의 불출사 의지와 함께 강한 비판의식으로 성장하였다. 남명이 살아 있을 때 왕천하의 현실은 오지 않았고, 따라서 남명은 유가적 출처의식에 의거하여 출사하지 않았다.

3. 집도 아들도 없는 것이 중과 비슷하고
 — 산해정(3)

신어산은 남명의 산해정이 있는 곳이며, 돗대산은 조차산曺次山 혹은 차산등次山嶝이라고도 하는데 남명이 아들 차산을 묻었던 곳이기 때문에 사람들이 그렇게 불렀다. 『김해부읍지金海府邑誌』에 '조차산은 부의 동쪽 20리에 있다. 차산은 조남명 선생의 아들

신산서원 현판

이름인데 이 산에 묻었다. 이로 인하여 이름을 삼아 후세에 전하게 되었다'고 기록하고 있어 저간의 사정을 알 수 있게 한다. 이때 남명의 나이 44세였고 차산은 9세였다. 차산의 죽음과 관련하여 『남명집』「편년」에는 이렇게 적어 두었다.

> 선생이 44세 되던 해 6월에 아들 차산을 잃었다. 차산은 어려서 뛰어나게 총명하였다. 일찍이 기르는 개가 먹이를 다투어 으르렁대는 것을 보고 탄식하면서, "옛날 진씨陳氏의 개는 백 마리가 한 울 안에 살았는데 우리 집 개는 그렇지 못하니 실로 마음에 부끄럽구나" 하였다.
> 또한 산해정에서 글을 읽고 있는데, 하루는 초헌을 타고 길을 지나가는 행차가 있어 매우 거창하였다. 함께 배우던 아이들은 모두 다투어 구경하고 부러워했지만 차산은 홀로 태연히 글을 읽으며 조용히 말했다. "장부의 할 일이 어찌 거기에 있겠는가?" 선생이 기특하게 여겨 사랑하였으나 불행히도 일찍 죽었다.

이 이야기는 전아한 유학자로 성장할 수 있는 가능성을 차산이 지녔음을 보여 준다. 즉 자기 집 개들이 먹이를 다투는 것을 보면서 부끄러워했다든가, 출세하는 것에 자신의 뜻이 있지 않다는 것을 명확히 한 점 등이 그것이다. 특히 남명이 이 같은 아들을 사랑하였다는 것을 적고 있다. 사랑하는 아들의 죽음은 남명에게 실로 충격적인 것이었다. 아홉 살밖에 되지 않은 아들이었기에 그 충격은 더욱 컸을 것이다. 남명 역시 아홉 살 때 병으로 위독한 적이 있었으니, 아홉 살이 남명 부자에게는 커다란 고비였다. 남명은 그 고비를 극복하였으나 차산은 그렇지 못했다. 차산이 죽자 남명은 다음과 같은 슬픈 시를 짓기도 하고, 뒷날 조카를 매개로 죽은 아들을 그리워하기도 했다.

집도 없고 아들도 없는 게 중과 비슷하고,	靡室靡兒僧似我
뿌리도 꼭지도 없는 이 내 몸 구름 같도다.	無根無蔕我如雲
한평생 보내자니 어쩔 수 없는 일,	送了一生無可奈
여생을 돌아보니 머리가 흰 눈처럼 어지럽구나.	餘年回首雪紛紛

　　이 작품은 아들을 잃고 쓴 「상자喪子」이다. 여기서 남명은 아들이 죽고 난 다음의 슬픈 심경을 중과 구름에 견주고 있다. 집도 아들도 없는 것이 중과 비슷하다고 했다. 김해에서 처가살이를 하였기 때문이었고, 또 차산이 죽었기 때문이었다. 외로운 삶에 대한 단면을 그렇게 표현한 것이다. 여기서 구름을 떠올리며 더욱 절망한다. 남명은 장자莊子처럼 '한 조각 구름이 뭉게뭉게 일어나는 것은 나는 것生이요, 한 구름이 멸하는 것은 곧 죽는 것이다'라고 말할 수 없었다. 아들의 죽음은 그에게 엄청난 절망감을 가져다 주었기 때문이다. 문제는 이 절망 속에서 한평생을 살아가야 한다는 데 있었다. 그 고뇌에 머리카락이 흰 눈처럼 어지럽다고 하면서 남아 있는 암흑 같은 생애를 돌아본다. 우리는 여기서 의식을 칼날 같이

곧추세운 대사 상가로서의 남명이 아니라, 아들의 죽음 앞에 슬퍼하는 자상한 아버지로서의 남명을 만나게 된다.

차산의 죽음과 관련한 구비설화도 있다. 구

복원된 신산서원 및 남명의 아들이 묻힌 조차산

비설화는 앞서 제시한 「편년」의 기록과는 달리 민중의 의식을 반영하고 있어 중요하다. 민중은 이들 이야기를 통해 그들의 관심사와 그들의 삶을 말하고자 한다. 이를 염두에 두면서 차산의 이야기를 검토해 보자.

남명에게는 차산次山이라는 도술道術을 잘 부리는 아들이 있었다. 이 차산의 도술은 바람과 비를 부를 뿐만 아니라 신출귀몰하여 서산대사西山大師도 차산의 도술을 능가하지는 못했다.

이처럼 아들이 도술에 뛰어난 것을 보고 남명은 차산이 혹시 도술을 남용하여 세상을 그르칠까 염려하여 산해정 뒷산에 굴을 파고 감금하였다. 굴에 갇힌 차산은 때에 맞춰 먹을 것을 주는데도 불구하고 굴에서 벗어나기 위하여 온갖 꾀를 다 썼다. 그가 탈출하기

제2장 김해 지역

위하여 힘을 쓸 때마다 산이 부풀어 올랐다고 한다.
 차산이 죽자 그가 묻힌 산을 그의 이름을 따서 조차산曹次山, 혹은 차산등이라고 하며, 돗대산이라고도 한다.

 이는 조차산이라는 이름이 어떻게 해서 불리게 되었는가를 설명하고 있으니, 지명유래전설이라 하겠다. 그러나 여기에는 자식에 대한 남명의 엄격한 교육, 차산의 대단한 능력, 차산의 요절에 대한 안타까움 등이 두루 나타난다는 측면에서 중요하다. 남명의 엄격한 교육은 감금을 통해 알 수 있다. 바람과 비를 부를 뿐만 아니라 신출귀몰한 도술을 부리니 세상에 잘못 쓰일까를 걱정한 조처였다. 차산의 대단한 능력은 당대 도술로 가장 이름이 있었던 서산대사와 견주어 결코 뒤지지 않았다는 데서 알 수 있다. 그리고 차산의 요절에 대한 안타까움은 전승 민중이 산 이름과 관련한 전설을 만들어 냈다는 그 자체에서 알 수 있다.
 남명의 산해정 시절은 산과 같이 높고 바다 같이 넓은 학문을 구축하고자 하였으나 그의 삶은 대단히 고달팠다. 그야말로 재난의 시대를 살았다. 사랑하는 외아들 차산이 여기서 죽었고, 아내와도 불화를 거듭하였다. 이 때문에 그는 아내의 도움으로 산해정을 짓고 사는 이곳 생활에 만족하지 못하고 '집도 없고 아들도 없는 게 중과 비슷하고, 뿌리도 꼭지도 없는 이 내 몸 구름 같도다'며 한탄하였던 것이다. 집이 있으나 자신의 집이 아니고 아들마저 죽었으니, 그의 의식은 떠돌 수밖에 없었다. 설상가상으로 45세(1545) 되는 10월에는 을사사화가 일어나 절친했던 친구 이림, 성우, 곽순 등의 부음을 듣게 된다. 또한 11월에는 어머니마저 돌아가신다. 어머니를 제대로 모시기 위하여 김해에 왔으니 남명은 더 이상 여기에 머물 이유가 없다고 생각했다. 이 때문에 그는 아버지의 묘소 동쪽에 어머니를 안장하고 고향인 합천에서 혁신적인 생활을 시작하게 된다. 과거의 무거운 껍질을 벗어던지고 싶었던 것이다.

제3장

합천 지역

1. 남명이 생각한 참된 관인상官人像
   – 이영공유애비

    1996년의 여름은 참으로 수확이 있었다. 남명이 합천군민을 대표해서 글을 쓰고 군민의 이름으로 세운 비를 발견했기 때문이다. 지난 1996년 8월 18일 덕천서원에서 있었던 '남명제' 행사에 참가했다가 대구로 돌아오는 길에 합천의 함벽루에 들렀다. 남명이 추구했던 자유를 보고자 함이었다. 남명은 함벽루 앞으로 흐르는 황강의 아득한 물줄기를 바라보면서 장자적 망아의 세계를 의식적으로 추구했다. 그리고 그 사정을 「함벽루」라는 오언절구에 담았다. 함벽루 들보에 걸려 있는 남명의 시를 통해 눈앞에 아득히 번져 가는 자유의 세계를 조망하였다.

이영공유애비

함벽루에서 나와 그 입구 오른편 산기슭에 늘어서 있는 비석 쪽으로 눈길을 돌렸다. 여태 합천 어딘가에 있을 것이라 막연히 생각했던, 남명의 언어로 새겨진 비가 저 속에 있을지도 모른다는 생각이 갑자기 나의 뇌리를 강타했다. 그리하여 산기슭으로 기어올라가 빗돌 하나하나를 살피기 시작하였다. 중간 지점이었다. 나는 소스라치게 놀라고 말았다. 거기 수백 년 동안 몸에 이끼를 키워 온 빗돌 하나가 나를 보면서 막 숨쉬려 하는 것이 아닌가! 바로 '이영공유애비李令公遺愛碑'였다. 그 빗돌에 손을 닿는 순간 나는 시간의 뜨거움에 감전되고 말았다. 남명이 두드리는 천 석의 종소리가 나의 혈관 속에서 다시 울리기 시작하였다. 마침 오늘이 남명제가 열리는 날이라 남명의 계시가 있는 듯도 하였다. 참으로 오랜만의 해후였다.

이 비는 합천군수를 지낸 적이 있는 이증영李增榮(?~1563)의 공적을 기리기 위하여 남명이 군민을 대표해서 쓰고 세운 것이다. 1559년 10월에 세웠으니 지금으로부터 447년 전의 일이다. 당시 어디에 세웠는지는 알 수 없으나 산재해 있던 합천의 비가 이쪽으로 옮겨지면서 함께 옮겨온 것이 아닌가 한다. 비는 가로 87cm, 세로 202cm, 폭 17cm이고 비문은 전체 13행, 각 행 평균 25자로 음각되어 있다. 글씨는 당대의 명필 선산 선비 고산孤山 황기로黃耆老가 썼다. 이 비문은 대체로 네 단락으로 나뉜다. 첫째, 관과 민의 이상적 관계, 둘째, 합천군수 이증영과 합천군민의 관계, 셋째, 이증영의 선정 내용, 넷째, 군수의 사랑에 대한 합천군민의 도리가 그것이다. 이 글의 시작은 이렇다.

> 누구인들 부모가 없을 것이며, 어느 부모인들 어린 아이가 없겠는가? 갓난아이가 어머니를 잃으면 다른 사람이 거두어 주기도 하고, 부모가 갓난아이를 먹일 때에는 사랑에 때로 틈이 생기기도 한다. 그러나 유독 우리 공이 백성의 부모가 되었을 때는 사랑이 어찌 잠시라도 틈이 생긴 적이 있었는가?

이처럼 남명은 관과 민의 이상적 관계를 부모와 갓난아이의 관계로 보았다. 관은 부모가 갓난아이를 보살피듯 민을 보호해야 한다는 것이며, 이 생각을 가장 잘 실천한 사람이 바로 합천군수 이증영이라는 것이다. 생각이 이러하였기 때문에 남명은 이증영을 부모에, 합천군민을 갓난아이에 대응시켰다. 타인에 대

제3장 합천 지역

하여 좀처럼 허여하지 않았던 남명으로서는 실로 파격적인 평가라 아니할 수 없다. 그렇게 평가할 수 있는 근거를 백성들의 부역을 삭감시키고, 빈민을 구제하여 모두 생업에 종사할 수 있게 하였으며, 또한 향약을 일으켜 예의를 알도록 하였다는 것에서 찾았다.

그렇다면 이증영은 과연 누구인가? 『인조실록仁宗實錄』과 『명종실록明宗實錄』에 근거하여 살펴보기로 한다. 이들 자료에 의하면 그는 명종이 세자였을 때의 사부였다고 한다. 예로부터 대군은 사부를 보고 절하지 않는 법이었는데, 이증영이 명종의 비범함을 알고 예법의 중요성을 역설하자 명종은 증영에게 절을 했다고 전한다. 명종은 즉위한 후에 그가 행실이 청렴하고 근실하다 하여 활인서活人署 별좌別坐와 주부主簿(1546), 공조정랑工曹正郎(1552), 한성부漢城府 서윤庶尹(1553), 중추부中樞府 첨지僉知(1559) 등을 제수하였다. 그리고 그에게 외직을 맡기기도 했는데 합천군수陜川郡守와 청주목사淸州牧使가 대표적이다. 합천군수는 한성부 서윤으로 얼마간 근무하다가 중추부 첨지가 된 해인 1559년까지, 청주목사는 중추부 첨지로 얼마간 근무하다가 사망한 해인 1563년까지였다. 그가 죽자 명종은 비통해 하면서 예조에 지시하여 특별히 제사를 지내게 하고 호조참판戶曹參判으로 추증하였다.

인종이 즉위한 다음 해인 1545년 3월에 이증영은

상소를 올려 당시의 폐단을 지적하며 개선방안으로 9조목을 제시하였다. 마음을 바로잡는 것, 장례를 정성껏 치르는 것, 효성과 우애를 돈독히 하는 것, 친족들을 화목하게 하는 것, 백성들을 사랑하는 것, 학교를 일으키는 것, 재능 있는 인재를 쓰는 것, 기절氣節을 장려하는 것, 어진 사람을 높이는 것 등이 그것이다. 이 중 앞의 셋은 수기修己에 해당하며, 뒤의 다섯은 치인治人에 해당한다고 하였다. 그리고 마지막의 것, 즉 어진 사람을 높이는 것을 더욱 힘주어 강조하였다. 어진 사람의 도움이 없으면 수기와 치인이 함께 온전해지지 않기 때문이라 하였다.

남명은 백성을 갓난아이 보살피듯 한 합천군수 이증영을 통해 참된 관인상을 읽고 있었다. 그에게 친밀감을 느낀 것도 이 때문이었을 것이다. 그리하여 그가 합천군수로 있을 때 백성의 어려움을 호소하기도 하고, 합천을

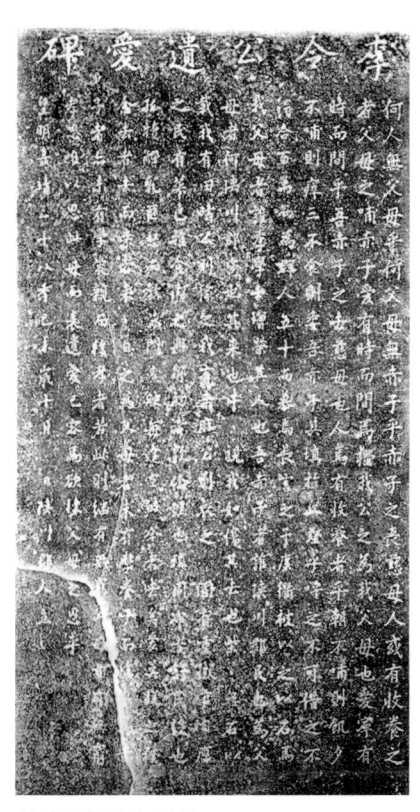

이영공유애비 탁본

43
제3장 합천 지역

떠날 때 송별시를 지어주기도 하였으며, 떠난 뒤에는 합천군민을 대표하여 공덕비를 세워 주기도 했던 것이다. 남명이 이 일을 자임하고 나선 것은 오히려 후임으로 올 여러 관리들을 경계하고자 함이었을 것이다. 앞사람을 본받아 뒷사람은 마땅히 백성들을 갓난아이처럼 돌보아야 한다는 것을 묵시적으로 보여 주고 있기 때문이다. 비를 세우고 난 2년 뒤에 지리산으로 들어가게 되지만 남명의 언어는 빗돌에 남아 수백 년 동안 합천의 백성들을 지켜 왔다. 그리고 참된 관인상을 생각하며 오늘날 우리의 관인을 향하여 백성들의 곤폐에 대한 문제를 심각하게 제기하고 있다. 천 석의 경종을 울리면서 말이다.

2. 자연과 인간을 함께 사랑한 남명
- 황계폭포

합천 시외버스 터미널에서 33번 도로를 타고 진주방면으로 조금 가다 보면 황강의 푸른 물결을 만날 수 있다. 그 흐름 위로 남정교南汀橋가 우뚝 서 있다. 남정교를 지나 우회전하면 1026번 도로가 나오는데, 이 길이 바로 황계폭포가 있는 용주면 황계리로 가는 길이다. 성산리, 용지리, 평산리, 장전리를 거치면 황계리가 나온다. 황계리는 합천에서 대략 12km

의 거리이다. '황계폭포'라는 표지판을 따라 조금 들어서면 비교적 넓은 주차장이 있다. 이를 통해 문명에 찌든 사람들이 자주 찾는 승경지임을 짐작할 수 있다. 계곡을 따라 오르면 쓰레기 소각장과 화장실 등 야영을 위한 시설물이 보인다. 앞의 짐작을 확인하는 순간이었다.

폭포는 신비하게 숲과 돌로 가려져 있었다. 숲을 지나면 넓다란 바위 사이로 쏟아지는 물길이 나오고, 그 옆으로 나 있는 돌 비탈길을 오르면 폭포가 위용을 자랑하며 서서히 눈앞에 나타난다. 이 폭포는 귀장산龜藏山에서 발원한 물이 험준한 계곡을 감돌아 20m 높이에서 떨어지는 것으로 아무리 가물어도 물이 마르는 일이 없다고 한다. 필자가 이곳을 방문했을

황계폭포의 여름

때는 마침 겨울이어서 폭포의 물줄기는 얼어붙어 있었다. 아래로 떨어지면서 얼어붙은 거대한 얼음 기둥이었던 것이다. 마치 한 마리의 백학白鶴이 비상하기 위하여 발목에 힘을 모으고 있는 듯했다. 선명한 겨울 햇살이 그 학의 날개에 순백의 의지로 부딪히고 있었다. 그 곁에는 영롱한 무지개도 하나 떠올랐다.

　남명이 이곳을 찾은 것은 언제였는지 모른다. 다만 어머니가 돌아가셔서 삼가의 선영에 장사를 지낸 45세에서 덕산의 산천재로 들어간 61세 사이의 어느 날이 아닐까 하고 추측할 따름이다. 이 시기에 남명은 토동에 계부당鷄伏堂과 뇌룡사雷龍舍를 지어놓고 제자들을 가르치고 있었다. 평소 폭포를 보면서 기개를 길러오던 터라 동료 혹은 제자들을 데리고 몇 번이나 탐방하였을 것이다. 그리하여 남명은 저서 『남명집』에 황계폭포와 관련한 작품 2제 4수를 남기게 되었던 것이다. 「황계폭포黃溪瀑布」 2수와 「유황계증김경부遊黃溪贈金敬夫」 2수가 바로 그것이다. 앞의 작품이 황계폭포 자체로 자신의 세계관을 표현한 것이라면, 뒤의 작품은 황계폭포 주변의 경치로 자신의 세계관을 표현한 것이다. 여기서는 앞의 두 수로 남명의 의식세계를 더듬어 보도록 한다.

구슬을 던지는 것이 도리어 골짝에 부끄럽네.   投璧還爲壑所羞
암벽에 전하는 싸라기 구슬 머물러 있지도 않으니,   石傳糜玉不曾留
계곡의 신은 일에 게으르나 용왕이 하고자 하여,   溪神謾事龍王欲
아침에 만든 명월주를 다 싣고 가도록 허락한다네.   朝作明珠許盡輸

강을 달아맨 듯한 한 줄기 물이 은하수처럼 쏟아지니,   懸河一束瀉牛津
구르던 돌이 만 섬 옥으로 변한 것이라네.   走石飜成萬斛珉
사람들 논의가 내일 아침엔 그리 각박하진 않겠지,   物議明朝無已迫
물과 돌에 탐을 내고 또 사람에게 탐을 냈으니.   貪於水石又於人

첫째 작품은 끊임없이 흘러내리는 폭포수를 게으른 계곡의 신과 부지런한 용왕과의 대비를 통해 표현한 것이다. 계곡의 신[溪神]을 『노자』에 보이는 곡신谷神으로 볼 수도 있겠으나, 노장적 세계에 경도될 필요는 없을 것이다. 계곡과 관련된 것은 '골짜기[壑]'와 '암벽[石]'이라 할 것인데 구슬로 비유된 물은 조금도 거기에 머물러 있지 않고 흘러내린다. 이것은 계곡의 신인 '계신'보다 물의 신인 '용왕'이 부지런하기 때문이라고 했다. 용왕은 물을 관장하는 신이다. 인간은 조금이라도 물을 멀리하여 살아갈 수 없으므로 예로부터 물에 대한 신앙으로 용왕을 섬겨왔다. 이것을 인식한 남명은 고착적인 계곡의 신을 부정하고 역동적인 물의 신에 눈길을 돌리면서 인간에게 가장 소중한 물을 모두 실어가도록 허락한다고 했다. 그것도 아침에 만든 빛나는 '명월주' 같은 물을 말이다.

제3장 합천 지역

황계폭포 시비

　　둘째 작품은 자연과 인간 사이의 경계가 끊임없이 쏟아지는 폭포수로 인해 소멸된다는 것을 표현한 것이다. 하늘에서 바로 떨어지는 물줄기를 보고 남명은 생각했을 것이다. 구르던 돌이 만 섬의 옥으로 변한 것이라고. 또 생각했을 것이다. 그 힘과 그 넉넉함, 그리고 자연에의 탐구로 내일 아침엔 사람들의 의논이 그리 각박하진 않을 것이라고. 여기서 남명은 중요한 개념 둘을 떠올렸다. 4행에 보이는 '수석水石'과 '인人'이 그것이다. '수석'은 자연에 다름 아니며, '인'은 인간에 다름 아니다. 남명은 항상 이 자연과 인간을 탐구하기 위하여 평생을 바쳤다. 세계에 대한 이 같은 태도는 황계폭포에 와서도 그대로 나타났다. 즉 자연을 감상하면서 인간을 떠올렸다는 것이다. 내일 아침이면 논의가 각박하지 않을 것이라고 했는데, 자연을 통해 인간의 정서가 순화되었기 때문일 것이다.

남명은 곧은 소리를 내며 떨어지는 폭포수 앞에서 자신의 기개를 길렀을 것이다. 깎아지른 벼랑 위에서 지축을 흔들며 떨어지는 그 물소리를 통해, 혹은 바위에 갇혀 출구를 찾는 그 웅장한 물소리를 통해서 말이다. 기개는 현실의 부조리와 조금도 타협하지 않을 수 있는 원동력이 되었다. 사실의 이러함을 간파했기 때문에 송시열(1607~1689)은 남명의 신도비명에 '극기에는 한 칼로 양단하듯 하였고, 그 처사에는 물이 만 길 높이에서 떨어지듯 하여 절대로 어긋나거나 구차한 뜻이 없었다'고 기록하고 있다. 우리는 혼탁한 시대와 부대끼며 저항의 몸짓을 보여 주었던 남명을 여기서 비로소 만나게 된다.

3. 강산풍월의 무언설無言說 — 사미정

나는 남명의 정신을 탐색하기 위하여, 동공에 가득 가을 단풍을 담고 합천호를 지나갔다. 남명과 절친했던 사미四美 문경충文敬忠(1494~1555)의 소요지인 대병면의 사미정四美亭을 찾아 가기 위해서이다. 차창 밖으로 본 합천호는 '천광운영天光雲影'이 함께 배회하고 있는 신의 거울 같았다. 그 거울은 황매산·

월여산·악견산·허굴산이 벌이는 가을 축제를 낱낱이 담아내고 있었다. 그리고 인간의 인식 깊숙이 감추어진 존재의 무게까지 담아내고 있었다. 가을 하늘을 닮은 그 진실된 호수의 모습에 무서움까지 몰려들었다.

사미정은 대병면 대지리에 있다. 정자 앞에는 '사미정중건기적비四美亭重建紀績碑'가 세워져 있었는데 정자는 세운 지 얼마 되지 않은 듯이 보였다. 사미가 소요하던 터에 1898년 중건하였다가 퇴락해지자 최근에 다시 개축을 시작하여 완공을 본 것이라 한다. 정자의 뜰에는 합천현감을 지냈던 정간鄭杆 찬撰으로 된 더 오래 되고 키가 작은 '호음문선생유허비湖陰文先生遺墟碑'와 같은 사람이 쓴 같은 내용의 덜 오래되고 키가 큰 '사미문선생유허비四美文先生遺墟碑'가 나란히 서 있었다. 이로써 문경충의 호가 그 후손들에게서 '호음' 혹은 '사미'로 불리는 것을 알 수 있었다. 정자 안에는 호음湖陰 정사룡鄭士龍(1491~1470)이 사미에게 주었던 시뿐만 아니라 거기에 차운한

사미정 현판

사미정의 남명 시판

남명의 시, 사미가 남명에게 준 시, 그리고 정자의 중건을 기념하여 지은 여러 선비들의 시들이 걸려 있어 옛 정취를 흠뻑 느끼게 하였다.

　사미의 관향은 남평으로 이름은 경충, 자는 겸부兼夫이며 사미는 그의 정자 이름인 동시에 호이다. 할아버지 문여녕文汝寧은 문과에 급제하여 홍문관 교리를 역임하였으며, 아버지는 문규文珪로 진사를 지냈다. 아버지대에 비로소 합천에서 삼가의 병목 연화동蓮花洞으로 옮겨와 세거하게 되었는데, 전주 이씨를 아내로 맞아 성종 갑인년에 사미를 낳았다. 구녕仇寧 만호萬戶로 2년 동안 근무하다가 노모의 봉양을 이유로 고향으로 돌아왔다. 기묘년(1519)에 선비들이 재앙을 당하는 것을 보고 벼슬할 뜻을 완전히 버리고 정자 하나를 지어 놓고 학문에 매진하였다. 이 정자를 찾아와 남명은 다음과 같은 시를 지었다.

영수의 천 년 자취 이어져,	潁水千季跡
사천에서 네 가지 아름다움을 이루었네.	斜川四美成
공은 어진 이와 지혜로운 이의 풍모를 갖추었나니,	公能仁智樂
바람과 달마저 다정하다네.	風月亦多情

먼저 요임금 시절의 소부巢父와 허유許由가 왕좌王座를 마다하고 숨어 살았다고 하는 영천潁川과 사미정 앞으로 흐르는 사천을 대비시켜 사미의 뜻이 소부·허유와 일치한다는 것을 보였다. 3구에서 보듯이 여기에 다시 어진 이는 산을 좋아하고 지혜로운 이는 물을 좋아한다는 『논어』의 고사를 빌어 사미가 바로 이와 같다고 했고, 4구에서는 바람과 달 역시 다정하다는 것을 보였다. 3구에서 인자와 지자를 말한 것은 '산山'과 '물[水]'를 내세우기 위해서인데, 4구의 '풍'과 '월'을 더하여 결국 2구의 '사미四美'를 이룬다는 것이다.

사미는 사미정을 짓고 스스로 「사미정기四美亭記」라는 글을 썼다. 이 글을 보면 그가 얼마나 자연을 사랑하고 있으며 자연에 동화된 모습으로 살아가기를 희망하는지 알 수 있다. 이 글은 이렇게 시작된다.

> 객이 나에게 물었다. "주인은 저 '산'과 '물'에 대하여 아는가?" 주인이 대답했다. "어진 이는 산을 좋아하고 지혜로운 이는 물을 좋아한다. 산수에서의 즐거움은 어진 이와 지혜로운 이가 가질 수 있는 것이니 내가 어찌 알겠는가?" 객이 물었다. "주인은 저 '바람'

과 '달'에 대하여 아는가?" 주인이 대답했다. "비갠 뒤의 시원한 바람과 밝은 달[光風霽月]은 오직 도를 터득한 사람만 아는 것이니 내가 어찌 알겠는가?" 객이 물었다. "그렇다면 어찌하여 강산풍월에서 이름을 취하여 정자를 사미정四美亭이라고 하였는고?"

「사미정기」는 소식蘇軾의 「적벽부赤壁賦」나 이규보李奎報의 「경설經說」 등에서 두루 볼 수 있듯이 객이 묻고 내가 대답하는 문답의 형식을 빌었다. 자신의 정자 이름이 사미정인 까닭을 제대로 밝히기 위해 이 같은 글쓰기 방법을 선택한 것은 물론이다. 위의 글은 그 서두인데, 어진 이나 지혜로운 이라야 산과 물을 좋아할 수 있기 때문에 자신은 이것을 감당할 수 없으며, 인품이 고결하고 흉금이 탁 트여 진리를 터득한 사람이라야 바람과 달의 원리에 대하여 알기 때문에 이 역시 자신은 감당할 수 없는 것이라 했다. 이 말을 듣자 객은 의문이 생겼다. 그렇다면 무엇 때문에 '강산풍월', 이 네 글자를 이용하여 정자의 이름을 취하였는가 하는 것이다.

강산풍월은 모두 '무언'의 진리를 터득하고 있다고 했다. 이 '무언'의 진리로써 주인은 자연과 완전한 화합을 이룩할 수 있었던 것이다. '산'은 황매산, '물'은 사천의 물, '바람'과 '달'은 소강절邵康節이 아무도 모르게 느꼈던 수면으로 불어오는 바람과 하늘 가운데 이른 달 바로 그것이었다. 여기서 우리는 주인이

사미정

제시한 '무언'의 진리는 세상의 득실과 시비, 그리고 선악을 모두 떠난 무념임을 알 수 있게 된다. 천지가 아무런 말이 없지만 사시四時를 운행시키며 수많은 작용을 만들어 내는 그것을 주인은 터득한 것이다. 사정이 이러하기 때문에 그는 '산수인지지묘山水仁智之妙'와 '풍월광제지취風月光霽之趣' 같은 자연이 인간에게 전하는 2차적인 의미를 거부하고, 산수나 풍월 그 자체가 되어 자신에게 맡겨진 생명을 다하고자 했던 것이다.

어쨌든 「사미정기」에서 보듯이 사미는 강산풍월에 대한 독특한 이해를 하고 있었을 뿐만 아니라 자신의 정자를 '사미'로 한 이유에 대하여 소상히 밝히고 있다. 남명 역시 자연에 대한 사미의 이 같은 태도 때문에 정신을 깊이 공유할 수 있었을 것이다. 사미정에서 바라보는 황매산과 월여산, 그리고 하늘의 가슴으로 산천을 온전히 담아내는 합천호, 그들은 거대한 무게를 지녔지만 너무나도 편안한 손짓으로 무언설을 우리에게 전하고 있다. 그리하여 휘몰아치는 세사의 시비와 곡절, 그 아득한 수렁에 빗장을 지르고 자신의 완전한 방기를 통하여 그의 품에서 다시 생명을 획득하게 한다. 선혈을 흘리며 죽어가는 나뭇잎의 화사한 죽음도 생명력을 되찾으려는 치열한 몸짓인지도 모른다.

4. 황둔강, 그 끝없이 흐르는 한의 깊이
      - 황강정

황강黃江은 황둔강黃芚江을 줄여서 부르는 말이다. 이 강은 덕유산에서 발원하여 남쪽으로 흘러 위천渭川이 되고, 갈천을 지나 동쪽으로 흘러 황둔진黃芚津을 이루며 합천으로 흘러들고, 다시 아래로 내려

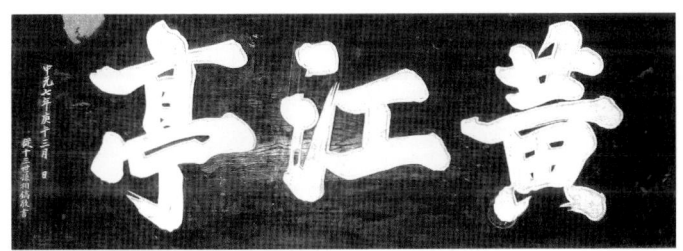

황강정 현판

가 낙동강으로 유입된다. 황강정은 황둔강 하류의 절벽 위에 자리한 것으로, 오늘날 합천군 쌍책면 성산리에 있다. 이 정자는 남명의 친구 황강 이희안李希顔(1504~1559)이 1531년 8월, 그러니까 그의 나이 28세 되던 해 가을에 학문을 강마講磨하기 위해서 지은 것이다. 정자 앞으로는 황둔강이 유유히 흐르고, 옥두봉玉斗峰과 봉령鳳嶺이 병풍처럼 둘러 있어 경치가 특히 빼어나다. 황강은 이 정자에 도서를 갖추어 두고 엄숙하게 거처하면서 진리 탐구에 매진하였다.

　남명은 황강정에 올라 무엇을 생각했을까? 황둔강은 아래로 끝없이 흘러 돌아오지 않고, 위에서 한없이 흘러오기를 또한 그치지 않는다. 남명은 이곳을 봄에도 오고 여름에도 오고, 가을과 겨울에도 왔다. 그때마다 강은 얼굴을 달리 하고 있었다. 이른 봄에는 강물이 쪼개진 얼음을 실어 날라 더욱 차가워지고, 햇빛이 부드러워지면 청색으로 변하다가, 여름이면 수없이 많은 빛의 입자들이 강의 표면에 반사되어 서로 부딪치면서 비단결을 이룬다. 강가의 단풍이 붉게 물들면 물결도 함께 취하는 가을 강, 억겁의 함묵으로 안으로만 채찍질해 들어가는 겨울 강, 그 형언할 수 없는 몸짓으로 황둔강은 굼실거리며 흐르고 있었다. 남명은 이러한 강줄기를 바라보면서 시간을 생각하게 되었고, 그 시간의 갈피 속에서 상처처럼 자라나는 '한恨'을 인식하게 되었다.

길가 풀은 이름 없이 죽어 가고,	路草無名死
산의 구름은 마음대로 일어나누나.	山雲恣意生
강은 끝없는 한을 흘려 보내면서,	江流無限恨
돌과 더불어 다투지를 않는다네.	不與石頭爭

 이 작품은 「제황강정사題黃江亭舍」이다. 여기서 남명은 황둔강을 바라보면서 '한'을 흘려보내고자 했다. 1구에 보이는 '노초路草'의 이름 없는 죽음과 2구의 '산운山雲'이 마음대로 일어나는 것은 자연스러움을 나타내기 위한 것이었다. 처사적 삶을 그렇게 표현한 것이라 하겠다. 이 같은 자연스러움이 있으면 '한'이 생길 아무런 이유가 없다. 그러나 여기서 그치고 말면 작품의 이면적 의미를 놓치고 만다. 거꾸로 읽어야 한다는 것이다. 다음 구, 즉 3구에서 남명은

황강

강을 보면서 자신의 '무한한無限恨'을 이입시키고 있기 때문이다. 자유로운 길섶의 풀, 산 구름, 강물 등과 무한한 '한'을 지닌 자신을 대비시키면서 오히려 자아의 '한'을 증폭시키고 있다고 보아야 한다. 돌과 다투지 않는다는 표현에서 절제된 '한'의 모습을 읽어낼 수도 있다.

그렇다면 '무한한無限恨'의 실체는 무엇일까? 그가 가장 괴로워하고 있는 부분을 찾아내면 되겠는데 대체로 두 가지로 요약된다. 자신에게 부여되는 '비난'과 '허명'이 그것이었다. 자신에게로 쏟아진 비난이나 자기에게 부여된 허명, 남명은 여기에 대하여 고민하였다. 그 고민은 '한'으로 축적되기에 충분한 것이었다. 그러나 남명의 '한'이 이처럼 개인적인 차원에 머물러 있지는 않았다. 정치현실은 부조리하여 현인의 길은 기구하였다. 특히 1945년 을사사화가 일어나 이림李霖, 곽순郭珣, 성우成遇 등 지기知己가 죽었다. 남명은 이를 대단히 안타까워하면서, 말을 하다가 그 말이 이들에게 미치게 되면 가슴을 치며 목메어 울었다. 정치적 부조리는 백성들을 고달프게 할 수밖에 없었다. 남명이 비록 산 속에 산 재야지식인에 불과하다고 하나, 한 번도 세상을 잊어본 적이 없었다. 당시의 정치가 잘못되어 간다는 말을 들으면 문득 천정을 우러러 길이 탄식하고, 특히 백성의 곤핍함을 보면 마치 내 몸과 내 가족이 아픈 듯이 가슴 아파하였다. 그리고 그들의 아픔을 생각하면서 달 밝은 밤이 되면 홀로 앉아 슬픈 노래를 부르고 노래가 끝나면 역시 눈물을 흘렸다. 남명의 눈물! 그것은 바로 '한'의 결정체였다. 남명의 '한'이 부조리한 현실과 그 현실을 살아가지 않을 수밖에 없는 백성들을 중심으로 형성되었기 때문이다.

황강정에 오르면 남명이 지녔던 '한'이 가슴 저려온다. 끝없이 흐르는 강물을 보면 더욱 깊이 느껴진다. 그 '한'은 개인적으로는 자신에게 쏟아진 비난과 또 그에게 부여된 허명과 관련된 것이지만, 그의 '한'은 이것 이상이었다. 부조리한 시대와 맞서는 데서 오는 일종의 사회적인 것이었다. 친구들은 사화를 만나 세상을 달리하고, 백성들은 고통을 더해 갔다. 남명은 여기에 대하여 가슴을 쳤고 또 눈물을 흘렸다. 황강정과 황둔강은 이 같은 심각한 고민에 근거를 둔 남명의 '한'의 깊이를 보여 준다. 그러나 여기에 남명은 매몰되지 않았다. 뇌룡사에서의 음주가무를 통해 알 수 있듯이 신명으로 그것을 풀어나갔기 때문이다. 술 마시고 노래하면서 자신의 감흥을 고조시켰던 것이다. '한'과 신명이 한 자리에서 이루어진 것이 아니라 하더라도, 남명 생애의 전 영역을 관통하는 것은 바로 이 '한'과 신명의 이중구조이다. 남명의 삶이 '한'으로만 기울어졌다면 한낱 패배주의자에 지나지 않았을 것이며, 신명에만 밀착되었다면 취락

제3장 합천 지역

주의자가 아닌 다른 무엇이 아니었을 것이다. 남명은 그의 '한'을 신명으로 풀었기 때문에 그가 가진 심각한 시련이나 고난을 넘어설 수 있었다. 우리는 여기서 남명의 지성적 삶의 구조를 설핏 엿보게 된다.

5. 아아! 여기가 내 아버지의 묘소다
    – 선고 묘갈

남명의 청소년기와 아버지와 서울은 밀접한 함수관계에 놓인다. 이 시기 남명은 예민한 감수성을 지니고 여러 친구들과 사귀면서 우정을 쌓아 갔을 것이고, 엄격한 아버지로부터 처음 글을 배우면서 현실에 대한 여러 문제를 고민하였을 것이다. 그리고 역동적인 서울 문화를 접하면서 여느 시골 청년과는 다른 개방적이고 진취적인 성향을 갖게 되었을 것이다. 청소년기의 우정과 함께 싹트는 현실인식, 그리고 개방적이며 진취적인 성향은 이후 남명이 그의 사상을 형성하는 데 중요한 역할을 하였고, 남명학에 대한 이해는 이것을 제대로 연역해 나가는 과정이라 해도 과언이 아니다. 이를 염두에 두면서, 우리는 오늘 남명의 아버지 조언형의 묘소를 참배하려 한다.

남명의 아버지 조언형曺彦亨(1469~1526)은 내외의 높은 관직을 두루 겪었지만 사람들로부터 검소하고

강직하다는 평가를 받았다. 그는 연산군 10년(1504) 정시庭試에 합격하여 이조정랑吏曹正郎, 집의執義, 수령守令, 승문원판교承文院判校 등을 두루 역임하였다. 제주목사濟州牧使로 임명되기도 하였으나 병 때문에 사직서를 내고 부임하지 않았다. 이에 어떤 사람이 그가 좌천으로 여겨 어려운 곳을 피한다고 무고함으로써 조정에서는 그의 관작을 모두 삭탈하였다. 이 같은 상황에서 1526년 58세의 나이로 세상을 떠나게 되자, 아들 식은 그 억울함을 조정에 호소하였다. 그리하여 마침내 판교 이하의 관작을 회복하게 되었다. 아버지의 관작이 회복되자, 상여를 뫼시고 삼가의 선영 밑에 장사지냈다. 남명의 슬픔은 이루 말할 수 없었다 하겠는데, 그가 지은 아버지의 묘갈은 이렇게 시작한다.

남명의 선고 묘갈

"아아! 여기가 나의 선고先考의 묘이다. 삼대가 같은 산에 있어 고조와 증조, 그리고 조부의 비갈이 모두 여기에 있다. 부군의 휘는 언형彦亨, 자는 형지亨之이다. 타고난 성품이 순후하고 방정하며, 일에 임해서는 공손하고 청렴하였다."

남명은 3년상을 치른 뒤 정성을 다하여 아버지의 묘갈명을 썼다. 1528년(중종 23) 10월의 일이었으니 그의 나이 28세 되던 해였다. 이 글은 벼슬 등 아버지의 이력, 아버지의 묘갈명을 쓰는 자세, 아버지의 덕, 아버지의 죽음에 대한 슬픔, 가족사항 등으로 나누어 기술되어 있다. 남명은 이 글을 쓰면서 시종 아버지에 대하여 객관성을 유지하려고 했다. 그리고 아버지 삶의 신조는 청렴이라고 생각하여 이를 자랑스럽게 생각했다.

가) 임금을 섬기고 백성을 다스릴 때, 기술할 만한 덕이 있으면 사관史官이 기록을 하고, 백성들이 한결 같이 말을 전한다. 그러니 과장하고 둘러댈 바에야 뢰誄를 짓지 않는 것이 마땅하다. 가령 말할 만한 덕이 없다면 아첨하는 말이 되어서 나의 아버지를 속이는 것이고, 남을 속이는 행동이 되어 나의 아버지를 부끄럽게 만드는 것이다. 아버지를 속이거나 아버지를 부끄럽게 하는 것은 나 또한 차마 하지 못할 일이다.

나) 벼슬살이를 20년 동안 하였지만 돌아가셨을 때 예禮를 갖출 수가 없었고, 집에서는 먹고 살 길이 없었다. 자손들에게 남겨 준 것은 분수에 만족하라는 것뿐이었다. 두 임금을 내리 섬기면서 특히 수고하고 힘썼지만 품계는 삼품三品에 지나지 않았으니, 그가 세상에 구차하게 아첨하여 영화를 취

하지 않았음을 알 수 있다. 비록 높은 반열班列에 오르지는 못했지만 조정의 고관들이 공에게 의지해서 하루라도 공이 없으면 안 될 정도였으니, 한 시대에 나라 사람들에게 어떤 대우를 받았는지도 알 수 있다.

가)에서 보듯이 남명은 아버지에 대한 행적을 쓰면서 일방적인 '띄우기'를 하지 않고자 했다. 이것은 아버지의 칭송에 대한 설득력을 얻기 위한 의도일 수도 있겠지만, 이 같은 자세는 그가 다른 묘갈을 쓰면서도 시종 지녔던 태도였다. '여근이 내가 선공과 친분이 있었고, 또 아첨하는 말을 하지 않는 사람이라고 여겨서, 내게 와서 명을 청하였다(「통훈대부광주목사신공묘명」)', '내가 남을 보증하는 경우가 대체로 드문데, 유독 천하의 훌륭한 선비로 인정해 주는 사람은 공이다(「선무랑호조좌랑김공묘갈」)', '내가 죽은 이에게 아첨하지 않는다는 것을

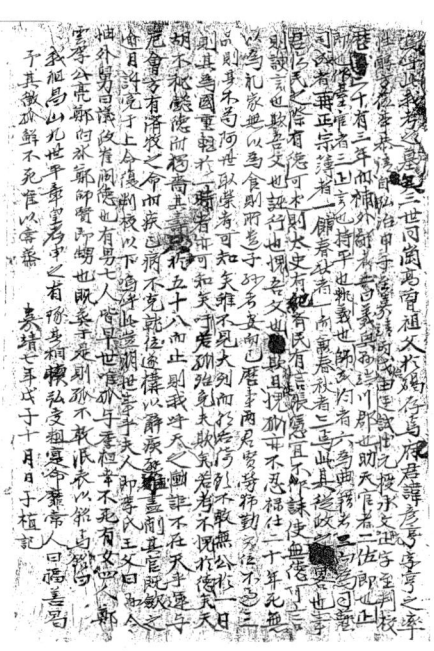

남명이 쓴 판교공 묘갈명 초고

알고 나에게 명을 지어 달라고 요청하였다(「효자정 백빙묘갈명」)'라 한 것 그것이다.

남명이 객관성을 유지하며 기리고자 한 아버지의 덕은 '청렴'이었다. 20년 동안 벼슬살이를 하였지만 예를 갖출 수 없을 정도로 가난하였다는 점, 자손에게 남겨준 유훈도 분수에 만족하라는 것이었던 점, 세상에 구차하게 아첨하여 영화를 취하지 않았다는 점 등에서 이를 확인할 수 있다. 청렴하였으면서도 아버지는 조정에서 꼭 필요한 존재였음을 지적했다. 비록 높은 반열에는 오르지 못했지만 고관들은 그의 아버지에 의지하는 바가 많았다고 한 것이 그것이다. 이렇게 기술한 후 남명은 선고를 속이는 일을 면할 수 있게 되었다면서, '하늘은 어찌하여 훌륭한 덕을 지닌 사람을 세상에 내어놓고는, 그 수명에는 인색하여 고작 오십팔 세에 그치게 하였는가!'라고 하면서 몹시 애통해 했다.

남명은 외가인 토동에서 태어났지만 그의 고향은 판현板峴이다. 판현은 오늘날의 하판과 상판, 그리고 지동을 포함하는데, 남명 아버지의 묘소는 지동 뒷산에 있다. 삼가면 소재지에서 가회 쪽으로 조금 가다 보면 하판마을의 표지석이 보이고, 여기서 오른쪽으로 돌아가면 지동마을이 나온다. 이곳은 남명의 증조부 안습安習이 서울에서 내려와 정착한 곳으로 남명의 선대 묘소가 있는 곳이다. 길목에는 후손 조계명

曺繼明의 유허비가 있고, 마을에는 창녕 조씨 문중의 재실인 병산재屛山齋가 있다. 그리고 남명의 선영으로 올라가는 길에서 오른 쪽으로 들어가면 남명의 어머니 인천 이씨의 묘소를 만나기도 한다.

　자녀가 자라나면서 아버지의 영향을 가장 많이 받을 것이다. 내 주위를 둘러보면 생각만 그런 것이 아니라, 걸음걸이며 말투가 그의 아버지를 꼭 닮은 사람도 더러 있다. 인간 생명에 대한 탐구는 결국 아버지로 귀결된다. 어렸을 때의 단순한 추억이 아니라 나에게 남겨진 아버지의 이미지는 나를 이해하는 중요한 요소가 되기 때문이다. 아버지의 지혜와 아버지의 사랑과 아버지의 사상, 그것이 지금의 나에게 어떤 지혜와 사랑과 사상으로 작용하는가? 아버지가 나에게 유전자를 남기고 아득히 사라지는 듯하지만, 결국 아버지는 나의 생각과 표정에 살아 있다. 하여 쓰러지는 나를 일으켜 세우는 하나의 푯대가 된다. 바로 이러한 점에서 아버지는 나의 영원한 이상이며 하느님이다.

제3장 합천 지역

제4장 산청 지역

1. 산의 품으로 기르는 정대正大한 하늘
   − 산천재

　　1561년, 남명은 합천의 뇌룡사를 떠나 지리산의 덕산으로 들어가 생애의 마지막을 준비한다. 물론 떠나기 전에 10여 차례나 지리산 자락을 답사하였다. 합천의 뇌룡사에 있을 때처럼 그 스스로가 시동尸童이나 연못같이 조용히 살면서도 때로 우레처럼 소리치고 용처럼 나타나고자 하지는 않았다. 다만 스스로를 닦아가면서도 그 온축한 힘을 제자들에게 전수하고자 했다. 하늘을 품어 기르는 산의 의지로 말이다. 남명의 입산 심경은 산천재 주련에 걸려 있는 「덕산복거德山卜居」에 고스란히 담겨있다.

봄 산 어느 곳인들 꽃다운 풀이야 없겠냐만,　　春山底處無芳草
다만 천왕봉이 상제와 가까이 있음을 사랑해서라네.　只愛天王近帝居
맨손으로 돌아와 무엇을 먹을 것인가?　　　　　　白手歸來何物食
은하수 십 리 흐르니 먹고도 남는다네.　　　　　　銀河十里喫有餘

　　위의 시에서 남명은 지리산 가운데 덕산으로 거처를 정한 이유를 말하고 있다. 즉 봄 산 어디나 방초가 있으니 이걸 먹으며 아무 곳에서나 살 수가 있지만, 유독 거처를 덕산으로 정한 것은 천왕봉이 상제와 맞닿아 있음을 사랑하기 때문이라는 것이다. 사실, 산천재 마당의 오래된 매화 곁에서 서북쪽으로 보면 천왕봉이 하늘을 향해 치솟은 장대한 모습을 볼 수 있다. 남명이 날마다 보면서 하늘을 품고 사색에 잠겼을 그 만고萬古의 천왕봉天王峰을 말이다.
　　3구의 '백수'는 오늘날 취직을 하지 못해서 하는

산천재와 천왕봉

남명문학의 현장

일 없이 빈둥대는 그 백수와 같은 의미이다. 남명은 무엇 때문에 백수라는 말을 사용했을까? 그에게 적실 소생의 아들이 없었으므로 남명은 자기 앞으로 되어 있던 토지와 장자長子로서의 권리를 모두 동생인 조환曺桓에게 물려주었기 때문이었다. 말 그대로 빈털터리 백수였던 것이다.

백수는 자유인만이 가질 수 있는 위대한 손이기도 하다. 남명은 이 손을 가졌으므로 자연 속에서 오히려 풍족할 수 있었다. 4구에서 보는 것처럼 그는 백수였지만 십 리에 흐르는 은하수는 먹어도 남는다고 하였다. 이 물은 아마도 산천재 앞을 흐르는 시천矢川을 가리키는 것이리라. 시천은 화살처럼 빠른 물살을 뜻하는데, 고유어 '살내'를 한자어로 바꾼 것이다. 결국 남명은 산천재에서 백수로서 자유롭게 살고 싶었던 게다. 부귀를 움켜쥐고 있는 흑수黑手가 도저히 흉내낼 수 없는 것임은 말할 필요도 없다.

지금 산천재에 가보면 벽화 세 점을 볼 수 있다. 바둑을 두는 그림, 목욕을 하는 그림, 쟁기질하는 그림이 그것이다. 이같은 그림은 일반적인 재실에서는 찾아보기 어려운 것으로 남명의 은일隱逸적 자유주의 정신을 드러내기 위한 것이라 하겠다. 이 그림은 임진왜란으로 소실되었던 산천재를 1817년 다시 세우면서 화공에게 특별히 부탁하여 그린 것이 아닐까 한다.

남명은 자신의 재명齋名을 산천山天이라 했다. 오랜 고민 끝에 결정한 이름일 터이므로 여기에는 당시 그의 사상이 농축되어 있다고 보아 마땅하다. 그것을 찾는 데는 많은 시간이 걸리지 않는다. '산천'은 바로 『주역周易』의 산천山天(☰☶) 대축大畜괘에서 따온 것이기 때문이다. 이 괘의 「상전象傳」에 다음과 같은 말이 있다.

    대축은 강건하고 독실하여 밖으로 빛나고 날로 그 덕이 새로워진다. 강한 것이 위에 있어 어진 이를 숭상하고, 능히 강건중정剛健中正한 데 머물러 크고 바르다.

하늘을 함축하여 기르는 산이 바로 '산천'이며 '대축'이다. 이것은 가슴에 품은 바르고 큰 하늘이기도 하다. 이 때문에 『주역』에서는 큰 축적을 의미하는 '대축'을 들어 '강건하고 독실하여 밖으로 빛나고 날로 그 덕이 새로워진다[剛健篤實, 輝光, 日新其德]'는 것으로 풀고 있다. '강건'은 하늘이고 '독실'은 산이다. 이 둘의 작용으로 빛이 발생하여 날마다 그 덕이 새롭다는 것이다. 그러니까 이것은 내적 축적, 즉 강한 온축蘊蓄을 통해 밖으로 널리 빛을 발산한다는 의미가 된다.

『주역』은 이어서 말하고 있다. '하늘이 산 가운데 있는 것이 대축이니, 군자는 지나간 말과 행동을 제대로 알아서 그 덕을 기를 것'이라고 한 것이 그것이

산천재

다. 여기서 우리는 남명의 온축이 어떤 방향으로 설정되어 있는지를 알 수 있다. 자신의 덕을 날마다 새롭게 하는 개인적 수양을 의미하는 것이기도 하지만, 축적된 덕으로 제자들을 길러 후세를 기약하자는 것이기도 하다. 산이 하늘을 품고 있는 형국이 산천山天이니, 개인적으로는 천왕봉을 통해 정신세계가 하늘과 맞닿고 사회적으로는 하늘 같은 제자를 산에서 길러 후세를 기약하자는 것이다.

사실이 그랬다. 남명은 수많은 제자를 여기 산천재에서 길렀다. 수우당守愚堂 최영경崔永慶, 덕계德溪 오건吳健, 약포藥圃 정탁鄭琢, 한강寒岡 정구鄭逑, 망우당忘憂堂 곽재우郭再祐 등 기라성 같은 선비들은 모두 그의 제자였다. 남명은 이들을 자질에 따라 길렀으며, 이들은 조정과 재야에서 곧은 언행으로 사풍士

제4장 산청 지역

風을 진작시키기도 하고, 임란 때 구국의 선봉에 선 의병장이 되기도 하였다. 이 때문에 이만규李萬珪는 『조선교육사』(1947)에서 남명을 한국교육사상 가장 성공한 교육자로 평가할 수 있었다.

나는 덕산의 산천재를 찾을 때마다 공자와 남명이 오버랩된다. 그것은 공자가 이상세계의 구현을 위하여 천하를 두루 돌아다니다가 만년에 노나라로 돌아가서 행단杏壇을 중심으로 제자들을 기르던 것이 떠오르기 때문이다. 제자를 기르는 것은 진리를 후세에 전하기 위함이다. 남명은 「행단기杏壇記」를 지어 공자의 강학풍경을 그리기도 했지만, 그의 만년은 공자가 그러했던 것처럼 그 온축된 힘을 제자와 후세를 위하여 사용하였다. 가슴 속에 하늘을 품고 산에서 하늘을 길러내는 위대한 작업, 남명은 천왕봉이 보이는 지리산 기슭 산천재에서 말없이 수행하고 있었던 것이다.

2. 남명의 사물관事物觀과 풍자의 세계
- 단속사정당매

절은 부서지고 중은 파리하며 산도 예와 다른데,	寺破僧羸山不古
전왕은 스스로 집안 단속 잘하지 못했네.	前王自是未堪家
조물주는 정녕 추위 속의 매화의 일 그르쳤나니,	化工正誤寒梅事
어제도 꽃 피우고 오늘도 꽃 피운다네.	昨日開花今日花

단속사 정당매

　이 작품은 남명이 지은 「단속사정당매斷俗寺政堂梅」라는 칠언절구의 전문이다. 남명은 단속사에 가서 가장 먼저 절의 전체적 분위기와 거기에 사는 스님의 모습을 본다. 그리고 절이 있는 산으로 시각을 넓힌다. 1구에 보이는 부서진 절, 거기에 사는 파리한 중, 그 주위를 둘러싸고 있는 예와 같지 않은 산은 모두 이를 말한 것이다. 다음은 절에 있는 구체적 사물을 보고 그것과 관련된 절조를 잃은 한 사람을 떠올린다. 2구에 보이는 것처럼 그 사람은 옛 주인을 버리고 집안을 나온 것이다. 구체적 사물이란 무엇인가를 3구에서 밝히고 있다. 매화가 그것인데 추위 속에

피어야만 할 '매화의 일'을 그르쳤다고 조물주를 비판하고 있으니 예사롭지 않다. 그 이유를 4구에서 들고 있다. 즉 지조 없이 아무 때나 핀다는 것이 그것이다. 여기서 우리를 궁금하게 하는 것이 있다. 첫째, 단속사는 어떤 절인가 하는 문제, 둘째, 정당매란 어떤 매화인가 하는 문제, 셋째, 이 작품의 주제는 무엇인가 하는 문제, 넷째, 우리는 왜 이 작품에 주목해야 하는가 하는 문제가 그것이다.

첫째, 단속사는 어떤 절인가? 이 절은 신라시대에 창건된 것으로 경남 산청군 단성면 운리에 있었던 절이다. 748년(경순왕 7) 직장直長 벼슬을 지낸 이준[李俊, 혹은 李純]이라는 사람이 창건했다고 하기도 하고, 763년 신충信忠이 창건했다고도 한다. 현재 절터에는 부러진 당간지주와 단속사지 동삼층석탑(보물 제72호)과 서삼층석탑(보물 제73호)만 남아 있다. 금당이 있었던 곳이나 강당이 있었던 곳에 초석이 남아 있기는 하나 민가가 들어서서 그 규모를 파악하기가 어렵다. 경내에는 신행선사비神行禪師碑와 대감국사大鑑國師(坦然)의 영당, 최치원崔致遠(857~?)의 독서당 등이 있었다 한다. 입구에는 「광제암문廣濟嵒門」이라는 거대한 각석이 있기도 하다. 특히 대감국사비는 없어졌지만 탁본한 비문이 남아 있어 대감국사에 대한 행적을 이해하는 데 도움을 주고 있다. 그리고 신충이 그린 경덕왕의 초상이 있었다고 하기도 하고, 솔거가 그린 유마상維摩像이 있었다고도 하나 그 종적은 묘연하다.

둘째, 정당매란 어떤 매화인가? 고려 말 조선 초 사람인 강회백姜淮白(1357~1420)이 소년시절에 단속사斷俗寺에서 공부하며 매화를 심었는데 그가 과거에 급제하여 벼슬이 정당문학政堂文學에 이르렀다고 해서 단속사에 있는 매화를 정당매라 한다. 강회백은 진주가 본관으로 자는 백보伯父이며 호는 통정通亭이다. 고려의 마지막 왕인 공양왕公襄王 1년에 세자의 스승이 되었고 이어 판밀직사사判密直司事와 이조판서를 겸임하게 된다. 이 때 상소하여 불교의 폐해를 논하고 한양천도를 중지하게 하였다. 이후 그는 정당문학政堂文學 겸 사헌부대사헌司憲府大司憲이 되기도 한다. 정치적인 이유로 잠시 진양에 유배가기도 하나 조선 건국 후 다시 벼슬하여 동북면도순문사東北面都巡問使를 지냈다.

셋째, 이 작품의 주제는 무엇인가? 출처가 분명하지 못한 선비를 비판한 것이다. 단속사에 있는 정당매를 강회백이 심었으니 남명은 이를 보면서 강회백의 출처를 의심하게 된다. 아무렇게나 피는 매화에 빗대어 말이다. 강회백은 고려가 망하자 지조를 지키지 않고 조선조 들어 다시 벼슬하였다. 그러니 2구에서 보듯이 고려조의 왕인 '전왕前王'은 강회백이 자신의 신하인 줄 알았는데, 그가 집을 나가 다른 사람

단속사지 삼층석탑

을 섬기고 말았으니 집안 단속을 제대로 하지 못한 셈이다. 3구와 4구에서 남명은 조물주까지 비판하고 있다. 즉 지조를 상징하는 매화는 매서운 바람과 차가운 눈을 이기고 향기를 뿜어내야 함에도 불구하고 아무렇게나 피운다고 하면서 말이다. 여기서 '어제'란 고려를 말하고 '오늘'이란 조선을 말한다. 그러니까 강회백이 고려조에도 벼슬을 하고 조선조에도 벼슬을 하였듯이, 그가 심은 매화는 어제도 피고 오늘도 핀다는 것이다. 조물주를 들어 비판하고 있으니 강회백의 실절에 대한 비판을 더욱 증폭시켰다 하겠다. 이 때문에 이제신李濟臣(1536~1583)은 『후청쇄어鯸鯖瑣語』에서 남명의 이 시를 들어 강회백의 실절을 조롱한 시라고 평가하였던 것이다.

넷째, 우리는 무엇 때문에 이 작품에 주목해야 하는가? 이를 통해 남명의 사물관과 풍자의 세계를 간파할 수 있기 때문이다. 『양화록養花錄』 등에서는 매화나무가 오래되었다는 것을 중시하였고, 김일손은 매화가 새로 자라나고 있다는 것을 중시하였다. 그러니 모두 매화나무라는 식물에 초점을 두고 있다 할 것이다. 그러나 남명은 그 매화와 관련되어 있는 인물에 초점을 두고 있다. 우리는 여기서 사물 자체에 대한 이론적 탐구보다 그 사물과 관련된 사람을 눈여겨보려 했던 남명의 사물관을 이해하게 된다. 풍자적 기법을 통해 주제를 표출하고 있음을 또한 알게 된다. 풍자(satire)란 대상의 약점을 비판하고 공격할 때 성립되는 것으로 교정이나 개선의 목적을 지닌다. 남명의 「단속사정당매」를 지은 것도 이러한 연유에서이다. 즉 이 작품을 통해 남명은 강회백의 실절을 비판하면서 당대의 선비들이 지조 지키기를 바랐던 것이다. 『언행총록』에서 남명을 들어 '비유에 능하였으며 사물을 제시하여 주제가 연상되게 했고, 해학을 섞어 조롱하고 풍자하였다'고 평가한 것도 같은 이유에서이다.

나는 오랫동안 정당매 곁을 떠나지 못했다. 하늘을 향해 시커멓게 죽은 매화가지에서 아우성을 들었기 때문이다. 이상과 현실 사이에서 저마다의 논리로

성을 쌓고 살았던 선조들의 아우성을 말이다. 오늘날 우리의 가슴 속에 반추되는 저 격렬한 언어들, 그것을 우리는 노여움 가득 찬 눈빛으로 오늘도 반복하고 있다. 죽은 매화가지 위에 참새가 서너 마리 앉아 있었고, 하늘은 더없이 선명한 빛으로 흐르고 있었다. 그리고 나는 오랫동안 그 매화나무 곁을 서성이고 있었다.

3. 천하의 영웅들을 부끄럽게 하는 것
— 백운동

지리산 백운동은 산청군의 단성면과 시천면 경계 지점에 있다. 덕천서원 가는 길로 가다가 구만마을에서 오른쪽으로 꺾어들어 약 2km정도 올라가면 나온다. 점촌은 옹기를 만들어 팔던 집들이 모여 있던 곳이라 그렇게 이름 붙였다. 따라서 이 주변이 예전에

남명선생장구지소 각석

도요지였다는 사실도 알 수 있다. 계곡을 따라 올라가다 보면 '용문천龍門川'이라 쓰인 커다란 바위를 만날 수 있고, 그 옆에 조금 작은 글씨로 '남명선생장구지소南冥先生杖屨之所'라 새겨진 바위가 있었다. 남명선생이 지팡이를 짚고 신을 끌면서 노닐던 곳이란 말이다. 그 옆에 앉아 당시 남명이 그의 육안으로 보았을 산천을 굽어보았다. 지리산 깊은 곳에서 흘러내리는 활수活水가 세상을 향하여 청신淸新하게 흐르고 있었다.

남명은 덕산의 산천재에 머물면서 이곳 백운동을 자주 찾아왔다. 산천재로 자리를 잡기 전부터, 남명은 일생을 마칠 장소로 이 백운동을 찾은 적이 있었다. 「유두류록」에서, '내 일찍이 이 두류산에 덕산동으로 들어간 것이 세 번이었고, 청학동과 신응동으로 들어간 것이 세 번이었으며, 용유동으로 들어간 것이 세 번, 백운동으로 들어간 것이 한 번, 장항동으로 들어간 것이 한 번이었다'라고 하면서, '어찌 다만 산수만을 탐하여 왕래하기를 번거로워하지 않은 것이겠는가? 나름대로 평생 계획을 가지고 있었으니, 오직 화산의 한쪽 모퉁이를 빌려 그곳을 일생을 마칠 장소로 삼으려고 했기 때문이다'라고 한 구절에서 이 같은 사정을 잘 알 수 있다. 남명은 백운동을 특별히 사랑하며 노닐었고, 이 과정에서 「백운동에서 노닐며[遊白雲洞]」라는 시를 짓기도 했다. 시는 이러하다.

천하 영웅들을 부끄럽게 하는 것은,	天下英雄所可羞
일생의 노력으로 류留 땅에만 봉해진 때문이라네.	一生筋力在封留
푸른 산은 끝이 없고 봄바람이 얼굴을 스치는데,	靑山無限春風面
서쪽을 치고 동쪽을 치다라도 평정은 이루지 못하는 것을.	西伐東征定未收

    이 작품은 남명이 한고조漢高祖 유방劉邦의 책사 장량張良을 두고 읊은 것이다. 장량張良은 소하蕭何와 한신韓信, 그리고 진평陳平과 더불어 한초4걸漢初四傑로 칭해지는 인물이다. 『사기史記·유후세가留侯世家』에 의하면 장량이 진섭陳涉에서 기병한 후, 소년 100여 명을 모아 유방에게 보내고 '태공병법太公兵法'을 설하니, 유방이 기뻐해 그 계책을 자주 들었다고 한다. 유방이 황제라 칭한 후 '군막軍幕에서 계책을 내어 천 리 밖에서 승리를 얻게 한 것은 장량의 공이다'라고 하면서 제齊나라 땅 3만 호를 장량張良에게 봉하려 하였으나, 장량은 사양하면서 유留 땅만으로도 충분하다 했다. 그 후 유방이 자신의 제안을 받아들이지 않자, '인간사를 모두 버리고 적송자赤松子를 좇아 노닐고 싶다'면서 벼슬을 사양하고 신선을 따라 놀았다 한다.

    장량이 이처럼 벼슬을 버리고 신선을 따라 놀았기 때문에, 유방에게 의심을 받지 않고 자신의 생명을 끝까지 보전할 수 있었다. 유방의 의심을 사서 주살된 한신韓信 및 팽월彭越 등과 달리 말이다. 장량이 명철보신明哲保身을 알았다고 남명은 생각했다. 그리고 장량이 무한한 청산의 봄바람 속에서 진정한 자유를 느꼈다고 생각했다. 그는 여기서 참영웅을 본 것이다.

봄바람을 맞으면서 평정을 이룩했다는 대목에서, 남명의 「유백운동」은 심성론적 측면에서 읽히기도 한다. 장량처럼 물러날 때를 알아 물러나고, 그리하여 마침내 모든 부귀영화를 버리고 적송자를 따라 노닐며 마음의 평정을 획득했기 때문이다. 한신이나 팽월처럼 영화를 탐하다가 의심을 받아 주살된 사람은 영웅이 아니며, 권력욕에 휩싸여 동정서벌하는 것 또한 영웅이 아니다. 참영웅은 거기서 초연한 사람, 즉 마음의 평정을 찾아 끝없는 푸른 산 속에서 봄바람을 느낄 수 있는 사람이다. 내면에서 일어나는 일련의 영웅심을 가다듬을 줄 아는 사람이다. 그러나 그런 영웅이 잘 있을 것 같지가 않았다. 이 때문에 남명은 「항우전」을 읽으면서 목이 메기도 했다.

영웅이 죽어가니 운수 없음을 알겠고, 英雄死去知無數
오추가에 이르러선 목이 메어 읽을 수가 없네. 讀到騅歌咽不成
나무가 뽑히고 한낮에도 어두운 건 하늘의 뜻일 터, 拔木晝冥天意在
어찌하여 눈동자 둘인 사람을 거듭 내었을까? 如何重作兩瞳生

단계端磎 김인섭金麟燮(1827~1903)의 「백운동수계기白雲洞修禊記」에 의하면, 고종 초년에 덕천서원이 훼철되고 나서 그 허전함을 달랠 수 없었던 사람들

백운동

이 덕천서원과 가까운 백운동에서 유계를 맺고, 남명을 위하여 백운정사를 짓고자 했다고 한다. 우산愚山 한유韓愉(1868~1911) 등이 중심이 되었다. 그러나 백운정사는 완성을 보지 못했다. 이 일을 주관한 우산이 세상을 떴기 때문이다. 이에 그의 아우 한항韓恒이 형의 뜻을 계승하여 1919년 2월 13일에 터를 닦아, 2월 19일에 상량하였다. 이때의 집은 몸채 삼간의 남향이었고, 이름은 역시 백운정사였다. 관리인의 집 고사도 있었다. 그 후 이 집은 여러 번 소실되어 다시 짓는 과정을 거쳤으나, 마침내 지리산 일대에 빨치산의 출몰이 빈번해지자 당국의 지시에 따라 완전히 불살라지고 말았다. 정사의 현판과 백운정사의 건립에 관한 기술이 담긴 『운사잡록雲舍雜錄』은 현재 경상대 도서관에 보관되어 있다.

4. 네 가지를 같이 한 남명의 친구
   – 청향당

9월 16일 침상에서 돌아가셨다. 임종 때 자제들에게 명하여 부축해 일으키게 하고서는 '내가 퇴계와 남명 두 친구를 다시 볼 수가 없는 것이 한스럽구나'라고 말씀하셨다. 종이와 붓을 가져오게 하여 편지에 쓸 말을 불러 주려 하였으나 입이 말라 말을 할 수가 없었다. 손을 내저어 부녀자들을 가까이 오지 못하게 하고, 똑바로 눕히게 한 뒤 편안히 돌아가셨다.

이것은 『청향당연보』 69세조(1569)에 기록된 청향당淸香堂 이원李源(1501~1569)의 고종考終 장면이다. 염계濂溪 주돈이周敦頤(1017~1073)가 「애련설」에서 연꽃을 들어 향원익청香遠益淸하다고 하였는데, '청향'은 여기서 따온 것이다. 청향당은 이원의 당호이면서 아호인데, 그는 무엇 때문에 죽으면서까지 퇴계와 남명을 떠올리고, 편지까지 하려 했을까? 과연 그러했을까? 『청향당연보』의 고종장면을 기록대로 믿기는 어렵지만, 청향당이 남명 및 퇴계와 함께 도의를 닦으며 친분을 돈독히 했던 것은 틀림이 없다. 『퇴계집』에는 퇴계가 청향당에게 준 시가 12수, 서찰이 13편

전하며, 『남명집』에는 남명이 청향당에게 준 시 10수가 남아 있어 이들의 우의를 확인하기에 족하기 때문이다.

26세에 남명을 조문하면서 이들의 관계는 시작되었고, 29세에는 남명이 공부하던 자굴산 명경대를 방문하였다. 그리고 30세에는 김해의 산해정으로 남명을 찾아가 송계松溪 신계성申季誠(1499~1562)·황강黃江 이희안李希顔(1504~1559)·대곡大谷 성운成運(1497~1579) 등과 만나게 되고, 37세에 청향정사를 짓자 남명이 방문하여 여덟 수의 시를 남기게 된다. 44세에는 남명의 어머니가 돌아가시자 조문하였으며, 48세

퇴계와 남명이 함께 모셔져 있는 배산서당

남명문학의 현장

에는 합천의 뇌룡사를 찾아가 학문을 토론하였고, 50세에는 아들 광곤光坤과 조카 광우光友를 남명의 문하에 보내 배우게 했으며, 57세에 뇌룡사를 각재 하항과 다시 찾아가 성리서를 논하였다. 66세에는 덕산의 산천재로 가서 남명을 만났고, 67세에 남명의 「신명사명」을 교정하였으며, 69세의 일기로 청향당이 죽자 남명은 애도하는 마음을 그치지 않았다.

연보의 기록으로 보아 남명과 청향당은 대단히 긴밀한 정서적 교감을 유지하고 있었던 것을 알 수 있다. 이 과정에서 남명은 자신이 청향당과 네 가지가 서로 같다고 했고, 청향당도 스스로를 종자기鍾子期에 견주며 정서적 친밀도를 드러냈다. 다음 작품에 이 같은 사정이 잘 드러나 있다.

네 가지가 같으니 응당 새로 안 사람과는 달라,	四同應不在新知
일찍이 나를 종자기에 견주었지.	擬我曾於鍾子期
칠언시와 오언시가 만 금의 가치가 있지만,	七字五言金直萬
곁의 사람은 한 편의 시로만 여기네.	傍人看作一篇詩

이 작품은 남명의 「화청향당和淸香堂」이다. 청향당이 남명을 향해서 어떤 시를 주었을 터인데, 남명이 이에 화답한 것이다. 그러나 청향당이 본래 지은 시가 어떠한 것이었는지는 전하지 않아 알 수가 없다. 아마도 백아와 종자기 같은 깊은 우의를 그 내용으로 하고 있을 것이다. 남명은 위의 시 첫째 구

배산서당 문묘에 봉안된 공자 영정

에서 보듯이 청향당과 네 가지가 서로 같아 새로 사 귄 사람과는 다르다고 했다. 네 가지란 무엇인가? '나이[年]'와 '도道', 그리고 '마음[心]'과 '덕德'이 그 것이다.

남명과 청향당은 나이가 같다. 1501년에 태어났으니 모두 신유생辛酉生으로 닭띠이다. 생일은 남명이 6월 26일, 청향당이 10월 10일이니 남명이 약 4개월 빠르다. 도를 같이 한다는 것은 삶의 방식이 같다는 말일 터이다. 남명이 부조리한 당대에 출사를 거부하며 평생 처사의 삶을 살아갔듯이 청향당 역시 여러 번의 벼슬 제수를 거부하며 은거의 길을 선택했다. 그리고 마음이 같다는 것은 이들의 정서적 친밀성을 말한 것일 터이며, 덕이 같다는 것은 이들이 지니고 있는 것이 고유의 선善이라는 말이다. 주자가 일찍이 인仁을 마음의 덕으로 보았으니, 이들은 마음으로 인을 어기지 않는 것이 같다는 것이라 하겠다.

   청향당이 세상을 떠난 지 19년 뒤 고을의 사림이 산청의 신안에 서원을 창건할 것에 대하여 발의하였다. 그 이듬해인 1589년에는 신안서원新安書院이 완성되어 청향당의 위판을 봉안하게 되었다. 그러나 임란을 거치면서 이것은 소실되고 말았다. 신안서원이 창건된 지 113년 뒤인 1702년에 다시 도천서원道川書院에 조카인 죽각竹閣 이광우李光友(1529~1619)와 함께 배향되었다. 도천서원은 청향당의 외선조인 삼우당三友堂 문익점文益漸(1329~1398)을 배향한 서원이었다. 그러나 1787년에 도천서원이 사액되자, 후손들은 청향당과 죽각을 따로 모시기 위하여 1771년 도천서원에서 얼마 떨어지지 않은 곳에 배산서원培山書院을 세우고 사당을 덕연사德淵祠라고 하였다. 바로 산청군 배양리로 지금의 면화시배지가 있는 마을이다.

   배산서원은 대원군의 서원훼철령으로 훼철되었다가, 1918년 진암眞菴 이병헌李炳憲(1870~1940)에 의해 다시 배산서당이라는 이름으로 건립된다. 진암은 이곳을 중심으로 종교로서의 유교를 강조하며 공자교孔子敎 운동을 펼치고자 하였다. 이에 따라 공자를 모시기 위하여 서원에 문묘文廟를 건립하고, 영남학파의 양대산맥인 퇴계와 남명, 그리고 이들과 절친했던 그의 선조 청향당 및 청향당의 조카 죽각을 모시기 위하여 도동사道東祠를 만들었다.

서원에 공자를 모신 문묘가 있는 것도 그렇지만, 주자가 빠진 문묘, 우암 송시열 등 선현이 없는 도동사, 그리고 자신의 선조 청향당과 죽각을 배향한 일 등으로 말미암아 진암의 공자교 운동은 보수 사림의 엄청난 비난과 배척을 받아야만 했다. 나는 이와 관련된 일들을 여기서 일일이 거론할 만한 여가가 없다. 다만 근대 문명이 휘몰아쳐 들어오던 시기에 서원의 전통적 조형과 배향방식配享方式을 파기하고 진보유학의 기치를 내걸었던 진암의 유교 살리기와 그 의미에 대하여 가만히 생각할 뿐이다. 그리고 네 가지로 마음을 같이 했던 남명과 청향당, 이들과 같이 시대를 아파했던 퇴계가 이 과정에서 새로운 존재로 부각되었던 사실을 짜릿하게 감지할 뿐이다.

제5장 기타 지역

1. 매부의 집에서 본 풍경 혹은 시간
   － 고령 월담정

'월담정月潭亭'은 월담月潭 정사현鄭思賢(1508~1555)이 지은 것으로 고령군 지산리 월기 마을에 있었던 정자다. 정사현은 진양인晉陽人으로 초명이 '사현思玄'이며 자를 희고希古라 하였고 월담은 그의 호이다. 대대로 진주에서 살다가 그의 아버지 린麟대에 와서 고령으로 거주지를 옮기게 되었고 나주 박씨를 어머니로 모셨으며 외아들로 자랐다. 창녕 조씨에게 장가들었으니 바로 남명의 누이였다. 슬하에 3남 1녀를 두었는데 3남은 서序, 하廈, 응應이고 1녀는 담양부사를 지낸 적이 있는 김신옥金信玉에게 시집을 갔다. 월담은 특히 효행에 뛰어났다고 전해진다. 48

세의 짧은 생애를 마감하면서 세 아들을 불러 놓고 모부인께 봉양을 다하지 못하고 죽게 됨을 가장 안타깝게 여긴다고 하였다 한다. 이로써 그의 효행은 재확인된다.

그는 평생 벼슬하지 않고 초야에 은둔하였으니 전형적인 은구형隱求型 처사문인이라 하겠다. 처사적 삶에 대한 심지는 다음과 같은 그의 작품에 잘 드러나 있다.

세상의 일은 거문고 석 자에 있고,	世事琴三尺
생애는 집 몇 간에 있다네.	生涯屋數椽
뉘라서 참된 경계의 즐거움을 알리오,	誰知眞境樂
가을 달이 찬 연못에 비친다네.	秋月照寒淵

위의 작품에서 보듯이 월담은 먼저 세상의 일은 석 자 되는 거문고에 있다고 했다. 반속적反俗的 태도를 보이기 위함이었다. 거문고 석 자와 가장 어울리는 집은 고대광실이 아니라 서까래 몇 개 얹어 놓은 조그마한 집이다. 여기에 자신의 생애를 부친다고 했으니 반속적 태도가 더욱 증폭된 셈이다. 시상을 여기까지 전개시킨 월담은 바로 이 같은 상태에서 '진경眞境의 낙樂'을 만끽할 수 있다고 했다. '진경의 낙'이란 다름 아닌 가을 달이 찬 못에 산뜻하게 비치는 경계 바로 그것이었다. 일찍이 북송의 학자였던 소옹 邵雍(1011~1077)은 '달은 하늘 한가운데 떠 있고, 바람

월담의 황산재

은 물 위에 불어오네. 이렇듯 청명한 기미를, 체득한 사람 아마도 적으리라'고 노래한 적이 있다. 천인합일의 경계를 이렇게 표현한 것이다. 월담이 '진경'이라 한 것도 바로 이 경계를 말한 것이다. 이로 보아 월담은 소옹이 느꼈던 정신적 경계를 시공을 초월하여 공유하고 있었던 것이다.

남명은 월담을 자신의 매부로 삼았고 그가 타계했을 때 세상을 일찍 떠남에 대하여 안타까워하며 직접 묏자리를 잡아 주기도 했다. 남명은 월담정에 자주 들러 매부 월담과 도의를 강마하였으며 아울러 박윤朴潤(1517~?) 등 고령지방의 여러 선비들과 교유하게 된다. 남명이 당시 월담정에 머물면서 「제정사현객청題鄭思玄客廳」이라는 칠언절구 한 수를 남긴다. 남명의 작품집에도 월담과 마찬가지로 내적 정신적 경계를 노래한 작품이 더러 있지만 「제정사현객청」은 그 관심을 현실로 옮겨 놓은 것이다. 현실과 밀착되어 있는 이 같은 작품은 남명 문학세계의 기본 줄기라 할 터인데 사정의 이러함을 염두에 두면서 다음을 감상해 보자.

푸르름 펼쳐진 못에 빗방울 떨어지는 자국,	綠羅池面雨生痕
먼 산은 안개에 잠겼고 가까운 산은 어둑어둑하구나.	遠岫烟沉近岫昏
만 년이나 된 소나무 나지막이 물을 눌렀고,	松老萬年低壓水
나무는 삼 대를 지나 비스듬하게 문을 기대고 있네.	樹徑三世倚侵門
가야 옛 나라의 산에는 무덤만 늘어서 있고,	伽倻故國山連冢
월기 황량한 마을 없어진 듯 남아 있는 듯.	月器荒村亡且存
여린 풀은 파릇파릇 봄빛을 띠었는데,	小草斑斑春帶色
해마다 한 치씩 혼을 녹이는구나.	一年銷却一寸魂

고령 주산의 가야왕릉

수련에 보이는 '녹라지'에 대해서는 이설이 많다. 중국 호남성湖南省 녹라산綠蘿山 밑에 있는 못 이름이라 하기도 하고, 지금은 매립되어 고령 여중고 교정이 되었지만 거기에 있던 못 이름이라 하기도 하고, 이처럼 고유명사로 보지 않고 풀어서 이해하기도 한다. 어쨌든 남명은 정사현의 객청, 즉 월담정에 올라 그 아래에 있는 못으로 시선을 보내며 빗방울이 떨어져 물결무늬를 만드는 것을 바라본다. 그리고 시선을 못 너머에 있는 산으로 이동시켜 멀리 있는 것은 안개에 잠겼다고 했고 가까이 있는 것은 어둑하다고 했다. 비가 오고 있으니 그럴 수 있었다. 원경으로 이동했던 시선을 다시 월담정 주변으로 끌어당겨 못가에 있는 늙은 소나무와 정자의 문을 기대고 있는 오래된 나무를 주시한다. 그리고 남명은 이 나무가 있는 풍경을 통해 문득 오랜 시간을 발견한다.

창녕 조씨 정려비

그리하여 시선을 다시 주산에 늘어서 있는 가야의 고분에게로 옮긴다. 그리고 생각한다. 신라 진흥왕 23년 이사부異斯夫가 이끈 대군을 맞아 가야의 도

설지왕道說智王은 목숨을 걸고 분전하였으나 결국 나라를 구제하지 못했던 사실을. 또한 현재 자신이 있는 곳이 대가야의 마지막 격전지임을. 연장선상에서 황량한 월기 마을을 떠올린다. '월기月器'는 '月基' 혹은 '月磯'로 표기하는데 모두 달이 찼다가 기우는 것을 염두에 둔 표현이다. 남명 역시 이것을 생각하였으므로 월기의 존망을 노래하였다. 가야의 패망과 월기마을의 존망이 시간적으로 관련이 있는 것은 아니라 하더라도 사물의 존재와 부재라는 보편적 원리에서 그렇게 결부될 수 있었다. 이는 남명의 통찰력이 남달랐기 때문일 것이다.

풍경을 통해 오랫동안 잠자고 있던 시간은 살아난다. 남명이 잡아 준 황정산 기슭의 묘터에 월담이 오랜 시간 누워 있다. 그리고 그 곁에는 남명의 누이 조씨 부인도 누워 있다. 『영남여지嶺南輿誌』에 의하면 조씨 부인은 월담과 사별한 후 철마다 죽은 남편의 옷을 마련하여 무덤 앞에 태우기를 3년이나 하였다 한다. 3년상을 마치고 여러 아이들을 불러 놓고 "내가 이미 네 아버지를 따라가고자 하였으나 너희들이 다 자라지 않았으므로 지금까지 목숨을 이어 왔다. 이제 집안을 너희에게 맡기게 되었으니 여한이 없다"고 말했다. 그리고 스스로 숨을 멈추어 남편의 뒤를 따랐다 한다. 대상을 마친 바로 다음날이었다. 조정에서 이 소식을 듣고 정려비를 세워 주었는데, 비

각은 임진병화로 소실되었으나 정려비는 황정산黃鼎
山 묘소 아래 그대로 있다.

2. 천 섬의 맑은 물로 마음을 씻은 자리
   – 거창 포연

　남대구 인터체인지를 빠져나가 88고속도로를 타
고 광주방면으로 달렸다. 장마철이라 빗방울이 강하
게 차창에 부딪혔고 산의 골짜기마다 안개가 저마다
의 모습으로 피어오르고 있었다. 가조를 지나 거창에
서 내려 좌회전했다. 1089번 도로를 따라 월평리, 대

포연, 일명 가매소

단리, 진척리, 임불리, 양지리를 지나면 신원면 구사리가 나온다. 원래 신원면은 삼가군에 소속되어 있었는데 율원栗院이 있었으므로 율원면이라 하다가 신지면新旨面의 여러 동과 병합되면서 신지의 '신'과 율원의 '원'을 합하여 '신원'이라 했다고 한다. 그리고 구사리는 7개 마을로 이루어져 있는데, 특히 구사는 거창인 신여수愼汝修가 여기에 옮겨 살면서 마을이 만들어졌다고 하며, 원래 '구사龜獅'로 표기하던 것이 '구사九士'로 바뀌었다 한다.

이 마을에서 서남쪽으로 약 200m쯤 가면 가마솥처럼 가운데가 움푹 파인 소淵가 나타난다. 그리하여 마을 사람들은 이곳을 가매소라 불렀다. 비가 온 탓이라 물은 그리 맑지 않았고 물살은 드셌다. 호가 포암鋪岩이었던 신여수는 항상 이곳을 소요하였는데 그의 아들 포연鋪淵 신문빈愼文彬이 아버지가 거닐던 곳에 대를 쌓아 포연대라 이름하고 아래에 보이는 가매소를 포연이라 고쳐 불렀다. 남명이 이곳을 찾은 것은 1549년, 그러니까 남명이 49세 되던 여름이었다. 문집에 의하면 이 해 8월 초에 우연히 감악산紺岳山 아래서 놀았는데 이때에 함양지방 문인이었던 임희무林希茂와 박승원朴承元이 듣고 달려와서 함께 목욕을 했다고 한다. 당시 남명은 목욕을 하고 느낀 바 있어 칠언절구 한 수를 남겼다. 「욕천浴川」이 바로 그것이다.

사십 년 동안 쌓인 온 몸의 때를,	全身四十年前累
천 섬 맑은 연못에 다 씻어낸다.	千斛淸淵洗盡休
만일 진토가 오장 안에 생긴다면,	塵土倘能生五內
바로 배를 갈라 흐르는 물에 부치리.	直令刳腹付歸流

 이 작품은 남명이 청징한 마음 상태를 유지하여 천리를 보존하려는 굳은 의지를 나타낸 것이다. 1구에 보이는 '전신'은 바로 남명 자신의 몸이며 '사십 년'은 자신이 돌아본 생애의 사십 년 그것일 터이니 성찰의 의미가 내포되어 있다. 이 성찰을 통해 남명은 1구의 '전루前累'와 3구에의 '진토塵土'로 표현된 인욕이 '오내五內'로 표현된 마음에 생기면 맑은 물로 거침없이 씻어 낸다고 했다. 이것에 대한 강한 의지를 남명은 2구와 4구에서처럼 '천곡千斛'과 '고복刳腹'으로 보였다. '천곡'은 많은 양의 물이며, '고복'은 배를 가른다는 것이니 인욕세척에 대한 강한 의지를 읽을 수 있다. 여기서 물의 기능에 대하여 주목할 만하다. 남명은 2구에서 '청연淸淵'으로 인욕을 씻는다 했다. 물이 세척의 능력을 갖고 있기 때문에 가능했던 것이다. 이로 보아 물은 본연지성을 본연지성일 수 있게 하는 중요한 기능을 하는 것으로 이해된다. 이를 우리는 내적 수렴에 기반한 시라 할 것인데, 『남명집』에는 이 같이 인욕을 막고 천리를 보존하려는 것을 주제로 한 작품이 다양하게 나타난다.

 남명이 목욕을 하면서 내적 정신적 세계를 확보

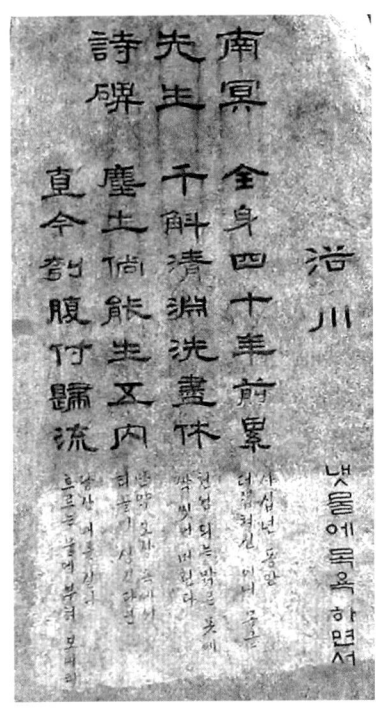

남명 「욕천」 시비

하려 했던 포연은 그 후 성주인 양성헌養性軒 도희령都希齡에 의해 주목받는다. 도희령은 남명이 강조한 경의의 요체를 파악하여 체득하고 「욕천」에 대한 차운시를 짓기도 했다. 이 같은 도희령의 뜻을 기리기 위하여 1920년 그의 후손인 도재균都宰均은 포연대 옆에 정자를 짓고 선조의 시에서 이름을 취하여 정자 이름을 '소진정溯眞亭'이라 하였다. '소진'은 거슬러 올라가 인욕을 벗고 천리를 획득한다는 것이니 남명이 「욕천」에서 보인 내적 수렴에 의한 정신세계 바로 그것과 일치한다. 도재균은 그 자신의 정자 '임청정臨淸亭'도 소진정 동쪽에 세웠다. 맑은 물가에 있기 때문에 그렇게 이름 붙인 것이라 하겠다.

소진정에 앉아서 나는 남명이 목욕을 하면서 천리의 세계를 확보하려고 했던 포연을 내려다보며 오랫동안 명상에 잠겼다. 그리고 거기서 자연이 우리에게 제시하는 논리의 세계를 발견하였다. 인위로 설명되지 않는 그러한 세계를 자연은 갖추고 있다는 것이다. 논리가 통한다는 것은 자연이 치밀한 조화로 이룩되어 있다는 것을 말한다. 남명이 자연을 통해 가장 먼저 발견한 것이 이것인지도 모른다. 이 조화 세계의 지향은 더욱 적극적으로 합일의 경계를 이룩할 수 있기 때문이다. 불안과 소요, 혁명과 비겁, 이것이 자연에게서는 성립되지 않는다. 소진정에서 이같은 생각이 나의 의식을 강타한 것은 어인 일일까? 그것은 양민학살사건이라는 민족사에서 가장 치욕적인 반논리적 사건이 바로 포연 주변에서 일어났기 때문인지도 모르겠다.

　구사리 포연에서 산청군 오부면 방면으로 조금 올라가면 과정리가 나온다. 1951년 2월, 당시 11사단 9연대 3대대가 거창군 신원면 일대에서 공비토벌작전을 벌였다. 그 때 주민들이 공비와 내통했다고 잘못 판단한 지휘관은 2월 10일, 이 지방의 청장년 136명을 내탄 골짜기에 몰아넣고 기관총으로 학살했다. 다음날 주민들에게 신원국민학교로 피난하라고 명령을 내려 모이게 한 다음 군인가족, 경찰가족, 공무원가족을 가려내고 남은 주민 500여 명을 박산 골짜기로 몰아넣고 약 2시간가량 무차별 사격을 가하였다. 당시 부산에 피난 중이었던 국회에서 이 사건에 대한 논란이 벌어졌고 마침내 국회조사단을 현지에 파견하게 되었다. 그러나 그 때의 계엄 사령관 김종원은 거창군 남상면과 신원면 사이의 계곡에 공비를 가장한 군인과 경찰을 매복시켜 조사단에게 총격을 가함으로써 조사를 무산시켰다. 전쟁으로 인한 민족사적 비극이 아닐 수 없다.

    살아남은 주민들은 남자, 여자, 어린이의 무덤을 만들고 위령비를 세우기도 했으나 1961년 정부의 묘지 개장명령으로 봉분이 파헤쳐지고 위령비가 땅에 파묻혔다. 지금은 추모공원으로 새로 단장되어 있지만, 이를 안타까워하던 현지 주민들이 땅 속에서 비석이 파내어 한 동안 묘소 앞에 비스듬히 세워 두기도 하였다. 그리고 어느 비가 많이 왔던 해 박산 골짜기에서 당시 총알 맞은 흔적이 역력한 바위 하나가 굴러 떨어졌는데 주민들이 그것을 시냇가에 세워두

포연대 각석과 소나무

기도 했다. 생각하기도 싫은 당시의 비극을 잊을 수 없었기 때문이었다.

포연에서 남명은 강하게 인욕을 씻으려 하였고, 그 후 수백 년이 지나 인욕으로 판단력이 흐려진 인간들에 의해 무고한 양민이 학살되었다. 이 엄청난 대비를 통해 우리는 무엇을 느낄 수 있을까? 자연의 논리와 인간의 반논리, 자연 속에서 천리를 찾으려 했던 남명의 높은 정신과 자연을 배반하며 총칼로 양민을 도륙한 저 새디스트들의 민주주의, 나는 이 어마어마한 편차에 아찔한 현기증을 느꼈다. 인간이 도달할 수 있는 가장 높은 정신적 경계와 인간이 타락할 수 있는 가장 비열한 행위가 한 자리에서 이루어졌다는 이 엄청난 모순 앞에서 나는 무색의 의식 공간을 느낀다. 소진정 처마로 빗물이 가슴 저리게 떨어지고 있었다. 포연의 물은 자꾸 불어나고 있었고, 남명의 맑은 눈으로 보았을 산, 혹은 아우성과 매캐한 화약연기에 휩싸였을 그 산엔 처연히 비가 내리고 있었다.

3. 하얀 돌의 이마에 흐르는 맑은 구름 한 자락 – **함양 화림동**

경상남도 함양군의 북동쪽에는 거창군과 경계를

이루고 있는 안의면安義面이 있다. 안의면에서 산수가 가장 빼어난 세 곳을 예로부터 안의 3동이라 불렀다. 화림동花林洞, 심진동尋眞洞, 원학동猿鶴洞이 그것이다. 화림동은 일명 옥산동玉山洞으로 함양군 안의면에서 26번 국도를 따라 그 구비가 예순 개나 된다는 육십령과 계곡이 길어서 그렇게 이름지었을 법한 장계長溪로 향하는 길 약 4km쯤에서 시작된다. 심진동은 일명 장수동長水洞으로 안의에서 동쪽으로 약 4km쯤에 있는 꺼멍다리부터 심원정尋源亭, 장수사長水寺, 조계문曹溪門, 용추폭龍湫瀑, 용추사龍湫寺, 은신폭隱身瀑 등이 있는 지금의 용추계곡을 말한다. 그리고 원학동은 거창군 마리면 고학리 쌀다리부터 시작하여 위천의 수승대搜勝臺, 북상갈계숲 등이 자리한 곳까지를 말한다.

　남명이 안의 3동을 찾은 것은 1566년 음 3월, 그러니까 66세 되던 봄이었다. 남명은 하항河沆, 조종도趙宗道, 하응도河應道, 유종지柳宗智, 이정李瀞과 함께 산천재에서 산청을 거쳐 옥계 노진盧禛이 있는 안의에 갔다. 노진은 종유인이었으나 예를 다하여 남명을 맞이하였는데 조그마한 술상을 마련하여 술을 권하기도 했다. 남명이 노진의 집에 이르자 제자였던 강익姜翼이 찾아와서 뵙기도 했다. 다음날은 강익과 함께 임훈林薰과 임운林芸 형제가 있는 곳을 찾아갔다. 남덕유산의 참샘에서 발원한 물줄기는 차가운 본

화림동, 일명 옥산동

성으로 돌과 돌 사이를 부딪치며 구비구비 돌아든다. 그 물이 비단처럼 아름답기 때문에 사람들은 비단내, 즉 금천錦川이라 불렀다. 금천의 구비마다 자연스럽게 못이 생기기도 하였다. 이 같은 아름다운 산수 앞에서 남명은 내면 깊숙한 곳에서 일어나는 시흥詩興을 이기지 못했다. 그리하여 「유안음옥산동遊安陰玉山洞」이라는 시 세 수를 남긴다. 화림동의 다른 이름이 안음동이니 그럴 수 있었다. 이중 한 수는 5언절구이고 두 수는 7언절구다. 이 가운데 5언절구는 이렇다.

하얀 돌에 흐르는 구름은 천 가지 모습,	白石雲千面
푸른 댕댕이넝쿨은 수많은 베틀에 베를 짜네.	靑蘿織萬機
다 묘사하지 말도록 하라.	莫敎摸寫盡
다음 해에 고사리 캐러 돌아올테니.	來歲採薇歸

이 작품에서 남명은 '백석白石', '청라靑蘿' 등의 자연을 통해 도를 즐기려는 자신의 정신세계를 나타고 있다. 1구가 '백석'에 다양한 구름의 모습이 비치는 것을 노래한 것이라면, 2구는 그 돌 주위에 있는 '청라'가 수많은 베를 짜내는 것에 대하여 노래한 것이다. 3구와 4구에서 보듯이 남명은 이 같이 아름다운 자연을 주체로 삼아, 내년에 고사리 캐러 돌아올 때까지 자연은 그 형상을 모두 그려내지 말라고 하였다. 자연과 교섭하고 있는 자신의 정서를 보여 준 것인데 남명이 자연에 몰입하고 있기 때문에 가능한 것이었다. 4구의 '채미採薇' 또한 주목할 만하다. 백이와 숙제의 고사 이래 '고사리'는 세속을 떠난 은자의 삶을 나타내는 소재로 활용되고 있기 때문이다. 남명은 이처럼 하얀 돌 위에 흐르는 맑은 구름과 댕댕이넝쿨이 이루어내는 절묘한 자연의 한 현상을 보고 다시 올 것을 기약하였던 것이다. 은자적 삶을 지향하면서 말이다.

다시 돌아와서 은자적 삶을 누리고 싶다고 노래한 남명의 절창에 갈천 임훈은 느낀 바 있어 더욱 적극적으로 자신의 세계를 펼쳤다. 남명의 시를 차운한

「화림동월연암차남명운花林洞月淵岩次南冥韻」에 이 같은 사정은 잘 드러나 있다.

흐르는 물 천 구비 돌아드는 곳,	流水回千曲
형체를 잊고 앉아 기미마저 놓았다네.	忘形坐息機
참된 근원 모두 궁리하지 못했는데,	眞源窮未了
날 저물어 쓸쓸히 돌아간다네.	日暮悵然歸

갈천은 이 작품에서 비단내[錦川]가 돌아 흐르는 것을 먼저 노래했다. 1구가 그것이다. 이 같이 아름다운 경치는 그의 의식을 잡아 놓기에 족하였을 것이다. 그리하여 2구에서 자신의 형체를 잊어버릴 뿐 아니라, 앉은 채로 인간에게 내면화되어 있는 도덕적으로 순수한 자연생명의 기제機制마저 놓아 버린다고 했다. '좌식기'라 한 것이 바로 그것이다. 참으로 대단한 자연 몰입이 아닐 수 없다. 이까지 시상을 전개시킨 임훈이 3구에서 진원眞源, 즉 참된 근원을 제시한 것은 어쩌면 당연한 일이었다. 임훈은 이 진원을 모두 궁구하지 못했는데 4구에서 보듯이 날이 저물어 안타깝다고 했다. 표면적으로는 산수를 보면서 인간 세계에서 일어나는 다양한 욕망을 버리고 맑은 본성을 구하려 하나, 날이 저물어 이것을 제대로 하지 못하고 돌아간다는 것이다. 그러나 그 이면에는 시간의 한계에 부딪힌 지적 고뇌가 도사리고 있다.

갈천이 옥산동 월연암月淵岩을 중심으로 남명의

제5장 기타 지역

시를 차운했으니, 남명의 「유안음옥산동遊安陰玉山洞」 역시 월연암 주변의 풍광을 보고 읊은 것으로 보인다. 그렇다면 월연암은 구체적으로 어느 바위를 지칭하는가? 덕유산에서 내리는 비단내는 굽이져 흐르면서 못도 여럿 생겨났다. 그 중 하나는 둥근 달처럼 생겼기 때문에 사람들은 월연月淵이라 불렀다. 그리고 월연의 바탕이 되는 거대한 반석을 월연암이라 불렀는데 농월정弄月亭을 받치고 있는 바위가 바로 이것이다. '달을 희롱한다'는 뜻을 지닌 이 농월정은 이름 자체가 낭만적이다. 월연에 비친 달빛을 높은 다락에 앉아 희롱한다고 했으니 말이다.

농월정은 선조 때 죽산부사, 공청도관찰사, 예조참판 등을 지낸 지족당 박명부朴明榑(1571~1639)가 세운 것이니 남명과 갈천이 이 옥산동을 방문했을 때는 없었던 정자이다. 농월정 다락에 올라 오른쪽 바위를 내려다보면 지족당이 지팡이를 짚고 신을 끌던 곳이라는 '지족당장구지소 知足堂杖屨之所'라는 글씨가 바위에 깊이 새겨져 있다. 지

'지족당장구지소' 각석

족당 박명부가 느릿느릿 신을 끌면서 지팡이를 짚고 느긋하게 화림동의 바람을 쏘이는 것을 보는 것만 같다. 그때 아마도 동산에서 달이 떠올라 월연에 곱게 비치고 있었을 것이다. 박명부는 한강 정구의 제자이니, 남명의 재전제자의 풍모 또한 화림동 계곡을 흐르는 비단내처럼 시간을 따라 지속되고 있다는 것을 알 수 있다. 그러나 농월정은 2003년 가을에 불타 없어졌고, 현재 복구 사업을 진행 중이다.

4. 거북을 보며 장육두문藏六杜門을 생각하며 — 영천 완귀정

우리는 오늘 영천의 완귀정玩龜亭을 방문하고자 한다. 영천은 역대로 절야벌切也火, 임고臨皐, 영주永州, 익양益陽, 영양永陽, 고울高鬱 등으로 불려왔다. 여기에도 남명문학의 현장은 여럿 있고, 완귀정은 그 가운데 하나이다. 경부고속도로 영천IC에서 내려 조금 가다 보면 왼편에 도남공단이 나온다. 이곳이 바로 완귀정이 있는 도남동이다. 영천시에서 출발하면 국도를 따라 경주 쪽으로 약 4km쯤 가다가 경부고속도로 영천IC를 200~300m 앞에 두고 오른쪽으로 꺾어 돌면 역시 도남동을 만나게 된다. 이곳은 광주안씨廣州安氏 완귀공파의 집성촌으로 현재 30~40호가

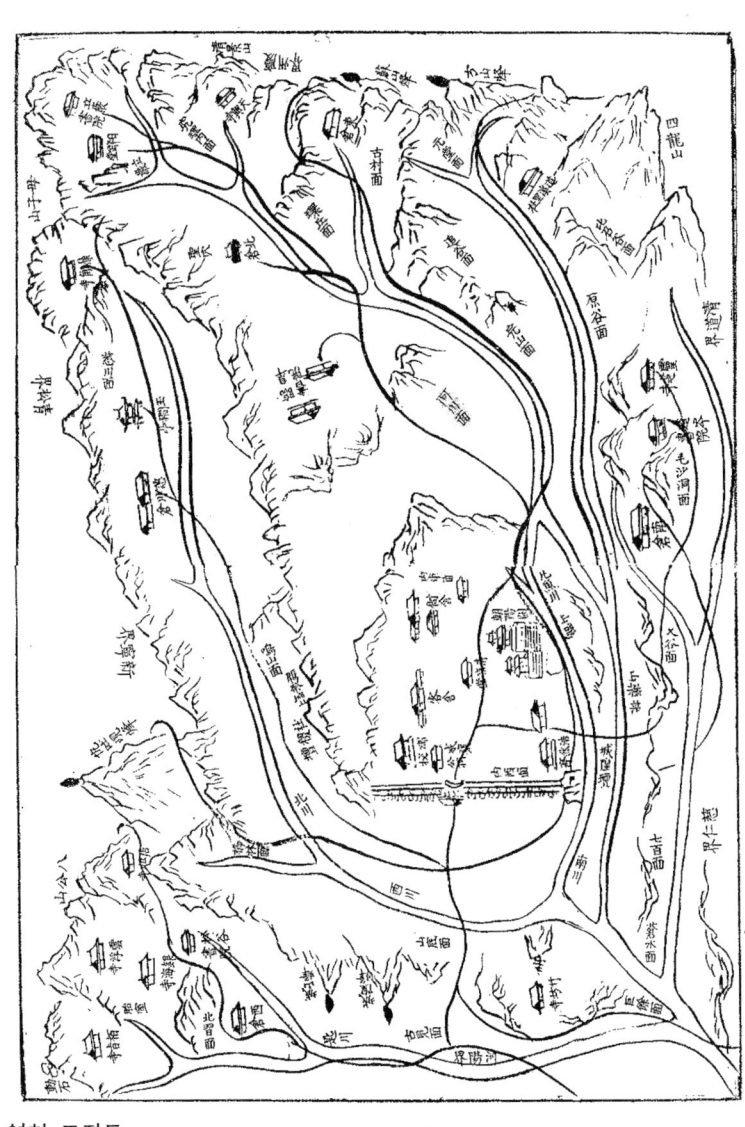

영천 고지도

모여 산다. 완귀정은 도남동의 들머리 시냇가 오른편 기슭에 세워진 아담한 정자다. 정자 주변에는 물푸레나무, 회나무, 느티나무 등이 늘어서 있고, 그 아래로는 금호강으로 유입되는 호계虎溪가 돌아 흐른다.

대문을 들어서면 완귀정이라는 전서체篆書體의 현판이 보인다. 미수眉叟 허목許穆(1595~1682)이 썼다고 한다. 왼편에는 임심재臨深齋라는 다른 정자가 있어 두 개의 정자가 'ㄱ'자 형태를 이룬다. 지금은 식호와라는 이름으로 더 많이 알려져 있지만, 이 건물은 원래 임심재라는 이름으로 건축되었던 것 같다. 이 건물에 대한 안경시安景時의 기문과 이만송李晩松의 상량문이 있는 것에서 사정의 이러함을 알 수 있다. 여기에는 언사협言使夾이라는 편액도 함께 걸려 있다. 임심재는『시경』「소아小雅·소민小旻」의 '여림심연如臨深淵'에서 딴 것으로 깊은 못과 같은 위태한 곳에 다다른 듯 모든 일에 조심해야 한다는 의미가 담겨 있다.「임심재기臨深齋記」를 쓴 안경시安景時는 이처럼 마음을 작게 하고 발걸음을 무겁게 할 때 비로소 세도의 험난함과 인심의 위태로움을 건널 수 있다고 했다. 임심재가 세워지면서 완귀정은 실용공

완귀정 현판

간에서 기념공간으로 그 성격이 조정되었다. 입향조인 완귀玩龜 안증安嶒(1494~1553)의 유적을 특별히 보호할 필요가 있었기 때문이었다.

완귀정 안에는 남명의 작품과 이 작품을 보고 느낀 바 있어 지은 아계 이산해李山海(1538~1609)의 작품, 그리고 이 두 작품에 차운한 여러 시판들이 걸려 있다. 남명의 작품에 차운한 사람은 홍기섭洪耆燮, 이형상李衡祥, 정만양鄭萬陽, 정규양鄭葵陽, 정권鄭權, 안정복安鼎福, 정중기鄭重器, 남용만南龍萬 등이고, 이 가운데 이형상, 정만양, 정규양은 이산해의 시에 대해서도 아울러 차운했다. 나는 당연히 남명의 작품 앞에 발길을 멈추었다.

금마문金馬門에서 상책 더딘 걸 무엇 탓하랴!	金馬何嫌上策遲
이 강에 주인이 없다면 또한 마땅치 않네.	此江無主亦非宜
거북 구경하는 건 심성을 기르는 일,	玩龜自是觀頤事
술 마시는 것은 득의한 때라는 것을 알겠네.	飲酒方知得意時
동쪽의 들은 강가로 길게 뻗어 있고,	東畔野延河畔迤
북쪽 산은 해를 향해 달리는구나.	北邊山走日邊馳
졸졸 흐르는 한 줄기 물 강물과 어우러졌지만,	潺溪一帶凝江水
운문산이 만 길로 우뚝한 기이함만은 못하다네.	不及雲門萬丈奇

이 작품은 남명이 완귀 안증의 정자를 방문하고 쓴 「제완귀정題玩龜亭」이다. 먼저 수련에서 '금마문'과 '이 강'을 대비시키고 있다. 금마문은 원래 한나라 고조 때 만든 미앙궁未央宮의 문인데, 문 앞에 동銅으

안중의 완귀정

로 된 말이 있었으므로 그렇게 이름 붙였다 한다. 우리나라 비원의 기오헌奇傲軒과 의두각倚斗閣으로 들어가는 문이 금마문인 것은 바로 이것을 모방한 것이다. 따라서 '금마문'은 궁궐 내지 조정 정도로 이해된다. 조정의 훌륭한 대책이란 다름 아닌 완귀 안중 같은 사람을 등용하여 일정한 임무를 맡기는 것일 터이다. 그러나 그것이 더딘 것을 탓할 필요가 없다고 했는데, 그것은 바로 '이 강'에는 반드시 주인이 있어야 하기 때문이다. '이 강'은 완귀의 정자 아래를 흐르는 호계虎溪를 의미한다. 조정과 대비되는 강호江湖를 이렇게 제시한 것이다. 강호, 즉 호계의 주인으로 완귀가 마땅하기 때문에 남명은 조정과 강호를 대비시키면서 완귀의 호계유거虎溪幽居를 높인 것이다.

남명이 찾았던 완귀정의 '완귀'에는 무슨 뜻이 담겨 있으며, 남명은 무엇 때문에 위의 시 함련에서 이 용어를 주목하고 있는가? 완귀는 글자 그대로 거북을 보며 노닌다는 말이다. 여기서 우선 장육藏六을 생각해낼 수 있다. 장육은 거북이나 자라가 네 발과 머리와 꼬리 등 여섯 부분을 움츠려 귀갑 속에 감추는 부동보신不動保身을 말한다. 이 같은 처신을 좋게 여겨 조선조 선비들의 아호나 당호로 널리 쓰였다. 이종준李宗準, 배용길裵龍吉, 원진해元振海, 이별李鼈, 이시모李時謀, 조귀석趙龜錫, 최양崔瀁 등의 호가 모두 장육藏六 내지 장육당藏六堂인 것을 통해 충분히 짐작하고도 남는다. 완귀 안증 역시 이를 깊이 인식하면서 거북을 보며 장육두문藏六杜門을 생각했다. 이 때문에 을사사화를 예견하고 영천으로 내려와 장육의 처세로 무사할 수가 있었던 것이다. 안정복이 쓴 「완귀안공유사」나 김도화金道和가 쓴 「호연사유허비명虎淵祠遺墟碑銘」 등에서 완귀가 '장육의 뜻'을 취했다고 한 데서 이 같은 사실을 알 수 있다.

남명의 「제완귀정」 시판

남명의 완귀정 시는 거북을 통해 심성을 수양하는 한편, 선비는 마땅히 거대한 기상을 지녀야 한다는 것으로 요약된다. 이를 생각하면서 나는 완귀정 툇마루에 올라 남명이 그의 육안으로 보았을 산하를 굽어보았다. 강가로 뻗어 있는 동쪽 들판과, 해를 향해 달리는 북쪽 산! 지금 그 산야에는 어지러이 길이 뚫리고 다리가 놓여 자동차들만 분주히 달리고 있었다. 그리고 완귀가 거북을 보며 마음을 길렀을 호계 쪽으로 시선을 이동시켰다. 거기, 거북은 보이지 않고 얼마 전 내린 비로 쓰레기와 함께 흐르는 황톳물만 가뭇없었다. 그것은 도도한 흙탕물 속에서 지표를 잃어버린 오늘날 우리들의 자화상에 다름 아니었다.

신명의 영귀靈龜는 어디로 갔을까? 이를 찾기 위하여 우리는 다시 장육두문이라도 하지 않으면 안 된다. 거북처럼 머리와 꼬리를 감추고 네 발까지 모두 감추고 침잠해 들어가야 한다는 것이다. 수면 깊숙이 내려가 구심력에 자신의 모든 것을 맡기면서 그 물결의 흐름을 감지할 수 있어야 한다. 이를 통해 우리는 서서히 떠오르는 자기 정체성의 기상을 보아야 한다. 어떤 어둠으로도 깰 수 없는 금강金剛의 기상 말이다.

제5장 기타 지역

5. 포석정 혹은 신라의 빛과 그늘
- 경주 포석정

단풍 든 계림 벌써 가지가 변했으니,	楓葉鷄林已改柯
견훤이 신라를 멸망시킨 것 아니라네.	甄萱不是滅新羅
포석정에서 대궐의 군사가 망하도록 자초한 것이니,	鮑亭自召宮兵伐
이 지경에 이르면 임금과 신하도 어쩔 계책 없는 법.	到此君臣無計何

이 작품은 남명의 「포석정鮑石亭」이다. 견훤이 후백제를 세우고 포석정에서 연회 중이던 경애왕을 자살케 한 사실을 들어 창작한 것이다. 그는 먼저 '단풍 든 계림'이라며 포석정 노래를 시작했다. 최치원崔致遠이 '계림은 누런 단풍이요, 곡령鵠嶺은 푸른 소나무'라고 했던 말을 염두에 둔 표현이다. 당시 패망의 기운이 팽배해 있었던 신라를 그렇게 나타낸 것이다. 나아가 남명은 포석정 안에서의 극도에 달한 사치와 주연을 벌인 군신 스스로가 신라의 멸망을 초래한 것이지 '어찌 견훤이 신라를 망친 것이겠느냐?'고 반문하고 있다. 이는 『서전』의 「주고酒誥」에서 제후들에게 술과 향락에 빠지지 말도록 경고한 글과 밀접한 관련이 있다. 즉 은殷의 멸망은 왕과 신하들이 과도한 향락을 즐기자, 거기서 나오는 술냄새와 백성들의 원성이 하늘에까지 미치게 되었고, 이에 하늘이 은나라를 멸망시키기로 결정했다는 것과 같은 논리이다.

그러니까 은나라의 멸망은 천명이라는 것이다. 은의 군신이 멸망을 자초한 것은 신라의 군신이 멸망을 자초한 것에 다를 바가 없다. 따라서 「포석정」은 『서전』 「주고」편의 천명사상과 더불어 군주와 백성의 역동관계를 나타낸 것이라 하겠다.

오늘 우리는 경주의 남산 아래에 있는 포석정을 답사하려 한다. 포석정은 1963년 1월 21일 대한민국 사적 제1호로 지정되었으며, 면적은 7,432㎡이다. 포석정은 대체로 김부식의 『삼국사기』에 근거하여 신라 비운의 역사를 담고 있는 곳으로 이해하고 있다. 즉 신라의 그늘을 이야기할 때 흔히 등장하는 장소라는 것이다.

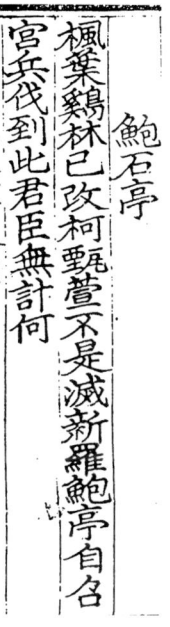

남명의 포석정시

국문학자 조동일은 김부식의 『삼국사기』 「열전列傳」에 대한 기술 태도를 셋으로 나누어 설명했다. 즉 김유신이나 을지문덕과 같이 높은 지위에 있으면서 훌륭한 일을 한 사람은 칭송하고자 했고, 설씨녀나 도미처럼 예사 사람이거나 미천한 백성일지라도 볼 만한 행실이 있으면 드러내 주고자 했으며, 궁예나 견훤처럼 반역을 저질러서 나라를 어지럽힌 무리는 비판하고자 했다는 것이다. 견훤은 비판의 대상이었다. 김부식은 아마도 이를 통해 불순한 생각을 가진 무리들에게 강한 경고의 메시지를 전하고자 했을 것이다. 견훤에 대한 이야기는 『삼국사기』 권50 「열전」 제10에 나오는데, 포석정과 관련된 이야기를 적출해 보면 다음과 같다.

> 천성天成 2년(927) 9월에 견훤이 근품성近品城(지금의 문경군 일대)을 공격하여 불태우고, 내쳐 신라의 고울부高鬱府(지금의 영천)를 습격한 이후 신라의 서울 근처로 닥쳐가니, 신라왕이 태조(왕건을 말함)에게 구원을 청하였다. 10월에 태조가 장차 출병하여 구원하려 하는 가운데 견훤이 갑자기 신라의 서울로 쳐들어갔다. 이 때 경애왕은 비빈妃嬪과 함께 포석정에 나가 놀았는데 주연을 베풀고 한창 즐기고 있는 중이었다. 적이 쳐들어오자 왕은 낭패하여 어찌할 바를 모르다가 부인과 함께 성 남쪽의 이궁離宮으로 도망갔는데, 여러 시종과 신료 및 궁녀, 악사 들은 모두 적병에게 몰살되었다. 견훤이 군사를 놓아 크게 약탈하고 사람을 시켜 왕을 잡아오게 하여 앞에서 죽이고, 곧 궁중에 들어가 거처하면서 왕의 부인을 강제로 끌어다 욕보이고, 왕의 족제 김부金傅로써 왕위를 계승하게 한 후, 왕제 효렴孝廉, 재상 영경英景을 포로로 하고, 또 국고國庫의 재화와 진귀한 보물, 그리고 무기 및 자녀와 여러 장인 가운데 기술이 있는 사람을 취하여 자신이 데리고 갔다.

여기서 우리는 남명이 『삼국사기』에 근거하여 「포석정」이라는 시를 남기고 있다는 것을 알 수 있다. 김부식은 경애왕이 포석정에서 비빈들과 주연을 즐겼으며, 견훤이 쳐들어오자 이궁으로 달아나 숨었고, 거기서 잡혀와 죽임을 당하였고 - 「신라본기新羅本

紀」에는 자진케 했다고 기록되어 있다 – 그의 부인은 강제로 끌려와 욕을 당했다고 기록하고 있다.

　그렇다면 포석정이 과연 신라의 그늘만을 상징하는 것일까? 결론부터 말하자면 아니라는 것이다. 포석정에서의 유상곡수流觴曲水는 본 행사 뒤에 치루어지는 보조적 행사에 불과하다고 보기 때문이다. 그렇다면 본행사란 무엇인가? 바로 굿의 형태를 곁들인 제사이다. 남산은 신라의 오악五岳 가운데 남악南岳에 해당하는 중요한 산이다. 오악이 모두 그러하지만 남산 역시 호국산신이 있는 신령스러운 산으로 숭앙받았다. 신라왕들은 여기서 남산의 신에게 제사를 지내면서 국가의 안녕을 빌었고, 그 행사를 마치고 유상곡수의 연회를 가졌던 것이다. 그런데 신라 말기로 가면서 제의를 의미하는 불계행사祓禊行事는 소홀히 취급되고, 연회를 의미하는 유상곡수에 더욱 치중하였던 것이다. 남산의 신을 위한 제의를 제대로 시행하면서 호국을 위한 정신을 가다듬었을 때, 신라는 아마도 빛으로 찬란했을 것이다. 그러나 가장 번성했다고 할 수 있는 헌강왕대를 거치면서 신라는 서서히 무너지고 있었다.

　포석정은 호국의 신에게 제사를 지내는 곳이며 또한 화랑의 수도장이었다. 이는 신라에게 빛을 던져주던 곳이었다는 것이다. 그러나 임금과 비빈妃嬪, 그리고 여러 신하들이 유상곡수를 하며 놀이에 탐닉하던 곳이라는 측면에서는 신라의 어둠 역할도 했다. 아마도 포석정은 제의적 기능과 오락적 기능을 함께 할 수 있도록 설계되었을 것이다. 신에게 인간의 소망을 이야기하는 것이므로 그 말은 신성했을 것이고, 이 같은 행사를 통한 심적 위안이 중요할 것이기 때문에 자연히 오락적 요소도 가미되었을 것이다. 빛의 신라는 두 가지 가운데 제의적 기능을 강조했을 터이고, 어둠의 신라는 그 가운데 오락적 기능을 강조했을 것이다. 성세의 신라는 이곳을 통해 나라의 기맥氣脈을 가다듬었고, 난세의 신라는 이곳을 통해 음란한 놀이를 벌였을 것이다. 난세의 그들은 제의를 한답시고 오락만 일삼았을 것임에 틀림이 없다. 따라서 신성성神性性은 점차 사라져 가고 말초적 익실과 재담才談만 난무했을 것이다.

여기서 하나의 의문이 생긴다. 즉 경애왕은 어떠했을까 하는 점이 그것이다. 경애왕은 난세의 왕이었으니, 김부식의 지적처럼 당연히 여기서 유흥과 오락을 즐겼을 것이라 속단할 수도 있다. 그러나 이렇게 판단하고 말면 포석정 본래 기능을 망각한 것이 된다. 비약적 상상력을 허락한다면 견훤이 들이닥쳐 신라의 군신을 도륙한 그 때, 아마도 경애왕은 제의적 기능에 충실하고자 포석정에 갔을 것이다. 견훤이 쳐들어온다는 정보를 입수한 경애왕이 고려의 왕건에게 도움을 청해 놓고 김부식이 이야기한 것처럼 포

경주의 포석정

석정에서 비빈 및 여러 신하들과 어울려 술잔치를 베풀 수는 없을 것이기 때문이다. 따라서 경애왕은 위기에 처한 나라를 구해 달라고 호국의 신인 남산의 신에게 제사를 지내기 위해 포석정에 간 것으로 볼 수 있다. 이것이 바로 포석정의 본래 기능에 충실하는 것이기 때문이다. 그 주연이라는 것도 제의를 마치고 원래 있어 왔던 뒷풀이 정도가 되어 마땅하다. 그러나 역사는 그렇게 기록되지 않는다. 아무리 그가 나라를 위한 제사를 지내기 위하여 거기에 갔다고 하더라도, 경애왕은 거기서 죽었고, 따라서 신라는 멸망했다. 이 때문에 나약하기 이를 데 없는 경애왕은 슬픈 누명의 화살을 맞고 그렇게 어둠의 벼랑으로 굴러 떨어져야 했던 것이다. 우리는 여기서 역사의 잔인성과 비애를 섬뜩하게 느끼게 된다.

6. 푸른 물 푸른 대나무에 은화살로 흐르는 달빛 － 양산 쌍벽루

푸른 물 푸른 대나무에 은화살로 흐르는 달빛,	綠水靑篁銀箭流
떨어지는 싸늘한 잎 계수나무도 이우는 가을.	落來寒葉桂殘秋
양주간良州干은 떠나고 제사지내는 사람도 없는데,	無人酹去良州干
눈 가득 돌아가는 구름 내 시름은 채우지 못하네.	滿目歸雲不滿愁

이 작품은 남명의 「양산 쌍벽루 시의 운자를 따라서(次梁山雙碧樓韻)」이다. 쌍벽루는 어떤 누각인가? 우리는 흔히 영남의 7대루를 일컬어 진주 촉석루, 안동 영호루, 밀양 영남루, 울산 태화루, 김천 연자루, 영천 명원루와 함께 양산의 이 쌍벽루를 거론한다. 그러니 쌍벽루는 영남의 7대루 가운데 하나인 셈이다. 양산에는 역대로 누각이 많았다. 쌍벽루를 비롯해서, 옛 관사 앞에 있었던 경성루警省樓, 양산향교의 정문으로 군수 이민하李玟河가 중건한 풍영루風詠樓, 관사 서쪽에 세워졌던 춘설루春雪樓, 삼차수三叉水와 칠점산七點山에 인접한 누각으로 군수 권성규權聖規가 1653년(숙종 19)에 건립한 삼칠루三七樓 등이 그것이다. 이들 가운데 쌍벽루는 단연 으뜸으로 양산을

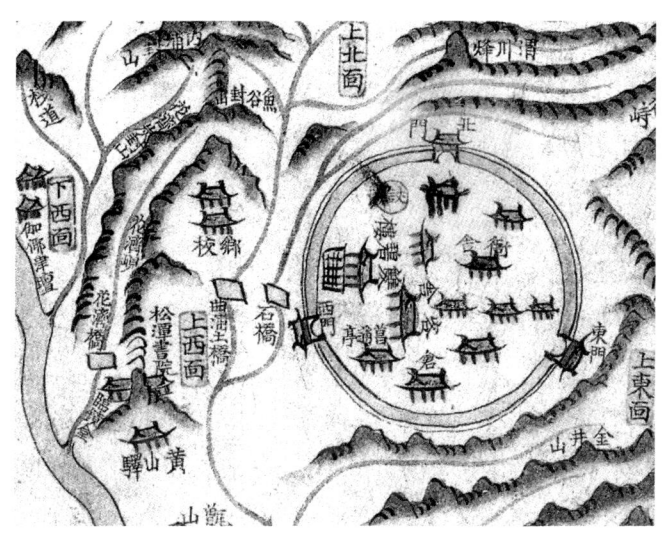
양산의 고지도

대표하는 누각이다.

　누각을 무엇 때문에 '쌍벽'이라 불렀으며, 그 위치는 어디쯤일까? 누각의 이름을 쌍벽이라 한 데는 그만한 이유가 있었다. 즉 누각 아래의 푸른 물과 누각 주위의 푸른 대나무가 서로 비쳐 '쌍雙'으로 '푸르기[碧]' 때문이었다. 쌍벽루는 옛 양산시장 내 관아의 서편에 위치하고 있었는데, 서남쪽에 있던 계원연鷄源淵과 함께 일찍이 알려져 왔던 곳이다. 1862년에 제작된 대동여지도大東輿地圖에는 양산읍성을 지나 윤산역輪山驛을 지나는 통로에 '쌍벽루'와 '계원연'을 표시해 두고 있다. 쌍벽루 아래로 흐르던 물과 계원연의 물줄기는 서쪽으로 흘러 지금의 양산천으로 흘러들고, 이 물줄기는 다시 남으로 흘러 낙동강의 하류인 황산강으로 유입된다.

　남명 쌍벽루 시의 주요 내용은 무엇인가? 이는 역사 속의 자아성찰로 요약된다. 역사는 시간으로 나타나고, 자아성찰은 사람들 사이에서 자신을 떠올리는 것으로 나타난다. 제1구와 제2구는 바로 시간을 말한 것이다. 하루 가운데 달빛 흐르는 밤이라는 제1구와, 일 년 가운데 계수나무가 시드는 가을인 제2구가 그것이다. 일 년은 오랜 세월을 만들어 내어 신라에 닿게 하고, 하루는 남명이 사는 당대의 조선에 닿게 한다. 그리하여 제3구에서는 신라의 박제상을, 제4구에

박제상을 기리는 비가 있는 양산의 춘추공원

서는 조선의 자신을 떠올렸던 것이다. 박제상 역시 엄청난 고민 속에 있었겠지만 16세기의 남명 역시 커다란 고뇌 속에 있었던 것이다

   남명은 쌍벽루에 올라 눈에 가득히 흐르는 구름을 보면서 자신의 마음속에서 엄청난 무게로 흐르는 수심을 자각한다. 이것은 결국 수심을 씻을 엄두도 내지 못할 정도로 수심은 그의 의식을 짓눌렀다는 말이다. 좋은 경치나 맑은 물을 보면서도 자신이 현재 위치하고 있는 곳이 양산이라는 것과 눌지왕 시절에 양산에서 간干을 지냈던 박제상을 느끼고 있었으니, 그의 수심은 다분히 역사적인 것이었다. 여기서 우리는 '계림鷄林의 개돼지가 될지언정 왜왕의 신하는 되지 않겠다'면서 격렬히 항거하다가 죽은 박제상과, 왜적을 끊임없이 경계하며 맑은 방울 소리로 제자들을 흔들어 깨웠던 남명을 만나게 된다. 남명의 수심이 박제상과 결부되면서 역사성을 획득하게 될 뿐 아니라, 쌍벽루가 왜에 의해 불탄 적이 있으니, 이 같은 불행한 경험은 남명으로 하여금 더욱 철저하게 역사적이게 했을 것이다.

   민족을 위해서 죽었던 삽량주간歃良州干 박제상은 떠나고 그에게 제사지내 주는 사람도 없었던 양산, 남명의 눈길 닿는 곳마다 흐르는 구름 혹은 시름. 남명의 시름이 역사적인 것이라고 한다면, 오늘날 눈 가득 흐르는 구름을 바라보며 역사적 시름에 겨운

자 누구인가? 영정조 때 학자 홍양호洪良浩(1724~1802)는 이렇게 말한 적이 있다.

> 산이 무너져도 귀머거리는 듣지 못하고, 해가 중천에 솟아도 소경은 보지 못한다. 도덕과 문장의 아름다움을 어리석은 자는 알지 못하며, 왕도王道와 패도覇道, 의義와 이利의 구분을 세속적 사람은 분별하지 못한다. 아아! 세상의 남아들이여! 눈과 귀가 있다고 말하지 말라. 총명은 눈과 귀에 있는 것이 아니라 오직 한 조각 영각靈覺에 있는 것이다.

알아들을 수 있는 바른 귀와 제대로 볼 수 있는 맑은 눈을 가진 자라야 정확하게 듣고 볼 수 있다. 그리하여 정확하게 판단할 수 있다. 사정이 이러할진대, 오늘날 우리의 지도자라 자칭하는 사람들 가운데 그 누가 자신의 심층부에 자리하고 있는 영각으로 도덕을 밝히고 왕도를 밝히고 정의를 밝히겠는가? 세속의 이익에 헐떡거리는 그들이 의와 이를 구분하지 못하는 것은 어쩌면 당연한 일이다. 따라서 한국 국적도 개뼈다귀처럼 버리고, 부정축재를 한 것이 부끄러움이 되는 줄을 알지 못하는 것은 어쩌면 더욱 당연한 일이다. 우리 시대에 정당한 국가관이나 도덕관이 과연 존재하는가? 이제 우리는 시골 선비 남명의 시름을 더 이상 욕되게 해서는 안 될 것이다.

7. 소반에 담긴 두류산 먹어도
   다함이 없네 — 남원 사계정사

오늘 우리는 전북문화재자료 제166호로 지정되어 있는 남원의 사계정사沙溪精舍를 찾아가려 한다. 물론 이곳이 남명문학의 현장이기 때문이다. 88고속도로를 타고 달리다 남원IC에서 내려서 남원시 주생면 쪽으로 약 12km쯤 가면 영천리嶺川里가 나온다. 주생면의 면소재지인 서만마을에서 북쪽으로 1㎞ 쯤 가면 유매楡梅마을이 있는데, 사계정사는 바로 이 마을에 있다. 유매마을은 유촌楡村과 매안梅岸마을이 합쳐지면서 생긴 이름으로 남원 방씨의 집성촌이다.

유매마을에는 사계정사만 있는 것이 아니라, 유천서원楡川書院(전북문화재자료 제52호) 유허도 있다. 이 서원은 원래 1830년(순조 30) 지방유림들에 의해 창건되었는데, 방사량房士良을 중심으로 방귀온房貴溫·안탁安琢·방응현房應賢·안창국安昌國 등 5현이 봉안되어 있었다. 그러나 1868년(고종 5) 서원철폐령에 의해 철거되었고, 1909년에는 후손들이 옛 서원 자리에 '5현서원유허비五賢書院遺墟碑'를 세웠다. 지금은 서원의 담장만 남아 있는 기이한 형태로 유허비를 지키고 있다.

이야기의 초점을 다시 사계정사에 맞추어 보자.

남원의 사계정사

　사계정사는 방응현房應賢(1524~1589)이 지은 정자이다. 사계라 한 것은 정사의 주위를 흐르는 냇물 이름을 땄기 때문이다. 이 서원이 구체적으로 언제 처음 건축되었는지는 모른다. 임진왜란 때 불타 없어졌던 것을 1609년 방응현의 손자 만오晩悟 방원진房元震(1577~1649)이 다시 지었다. 이것이 중수와 개축을 거듭하면서 오늘에 이르고 있으며, 현재의 정사는 1863년에 건축한 것이다.
　사계정사는 2단의 화강암 기단 위에 다소 둥근 화강암으로 된 주춧돌을 세우고 그 위에 정면 3칸, 측면 2칸의 집을 짓고 팔작지붕을 얹었다. 호남지방

의 일반적인 정자 양식을 따라 가운데 방 한 칸이 있
고, 그 방의 사면으로는 마루를 깔았다. 문은 모두 쌍
여닫이로 되어 있으며 띠살문이다. 담은 최근에 보수
한 것으로 보이며 정방형으로 되어 있는데, 돌과 시
멘트를 섞어 만들었고 그 위에 기와를 얹었다. 남명
은 이 사계정사에 와서 이런 시를 지었다.

> 방노인 집안 명성, 해동에 드러났는데, 　　房老家聲擅海東
> 내손은 원래 당나라로부터 왔다네. 　　來孫元自大唐中
> 어린 나이의 훌륭한 자식은 둘도 없는 옥이요, 　　弱齡佳子雙無玉
> 많이 번성한 일가는 십 리에 뻗은 소나무 같다네. 　　多薰強宗十里松
> 하늘에 구름 쓸어낸 듯 걷히니 파란 빛이 짙고, 　　雲掃一天靑靄靄
> 바람이 천 그루 나무를 흔드니 푸르고 싱싱하네. 　　風搖千樹碧瓏瓏
> 흰 옷 입고 항상 나물 먹는다고 싫어하지 말게, 　　莫嫌衣白長咬菜
> 소반에 담긴 두류산 먹어도 다함이 없다네. 　　盤面頭流食不窮

이 시는 『남명집』에도 실려 있지만, 지금의 사계
정사에 남명의 차운시라며 걸려 있다. 사계정사에는
차운시로 되어 있으니 원운이 따로 있다는 것을 알
수 있다. 남명은 이 시의 수련에서 방노인이라 했다.
22세 연하인 자신의 제자를 이렇게 일컬을 수 있었
을까? 아마도 그의 아버지 방한걸을 지칭한 것이 아
닌가 한다. 이렇게 보면 제자 방응현을 찾아갔을 때
그의 아버지도 만났을 것이고, 정사를 두고 지은 원
운도 보았을 것이므로 남명은 이 원운에 입각해서
차운시를 지어 제자 방응현에게 준 것일 터이다.

남명의 「제방응현모정」 시판

수련에 당나라로부터 왔다는 것은 그의 선조가 당나라 상국 방현령이라는 것을 염두에 둔 표현이다. 함련에서는 훌륭한 아들과 번성한 일가를, 경련에서는 사계정사 주위의 맑은 풍경, 미련에서는 공명을 버리고 자연과 더불어 살아가기를 바라는 당부 등이 포함되어 있다. 특히 '소반에 담긴 두류산 먹어도 다함이 없다'라고 하여, 두류산 기슭에서 자연과 더불어 어떤 정신적 교감이 이루어지기를 바라는 마음이 담겨 있다. 이것은 남명 스스로가 덕산으로 들어오면서 '십 리에 펼쳐진 은하수 같은 물 먹고도 남으리(「德山卜居」, 銀河十里喫有餘)'라고 했던 것과 그 맥을 같이 한다.

남명은 그의 제자 방응현에게 소반에 담긴 두류산은 아무리 먹어도 끝이 없다고 했다. 벼슬을 하면서 누릴 수 있는 공명과 부귀, 이것은 그 끝이 분명하다는 것의 다른 말이다. 자연 속에서 거문고 연주와 독서를 즐기며 조용히 진리를 찾아 가는 길, 오늘날 우리의 시각에서 보면 이것은 참으로 요원하기 짝이 없다. 인문학문이 경제의 논리에 휘둘리고 화폐와 교환되지 않는 정신은 무의미하게 취급되고 있으니 말이다. 우리의 참살이는 부귀와 공명, 그 너머에 있다. 자연 속에서 조용하고 편안한 가운데 획득되는 자유 경계야말로 오늘날 우리들 삶에 절실히 요청되는 무엇이 아닐 수 없다.

제6장
행단에 관한 상상력

1. 행단이 있는 공묘 스케치 — 행단(1)

1999년 7월, 그러니까 20세기의 마지막 여름은 나에게 있어 특별했다. 공자가 나서 자란 중국의 곡부曲阜를 처음으로 여행할 기회를 가졌기 때문이다. 7월 24일 김해 비행장을 출발하여 상해, 소주, 항주, 제남, 곡부, 북경을 거쳐 7월 31일 다시 한국으로 돌아오는 7박 8일간의 일정이었다. 이번 여행은 남명이「행단기」를 지어 그 사유 속에 자리하게 하였던 곡부의 '행단杏檀'을 찾아보는 것이 중요한 목적 가운데 하나였다.

공자(B.C.552~B.C.479)

공자를 만나는 날은 엄숙해도 좋을 것 같다. 그리하여 30도가 넘는 날이었지만 나는 갖고 간 옷 가운데 몸을 가장 많이 가리는 점잖은 옷을 찾아 입었다. 유교문화에 조금이라도 관심이 있는 한국인이라면 누구나 중국에서 가장 가고 싶은 곳으로 서슴없이 공자의 고향인 곡부를 꼽을 터인데, 우리는 그 곡부를 오전 8시 20분에 제남을 출발하여 11시 5분경에 도착하였다. 그 사이에 공자가 올라 천하의 좁음을 보았다는 태산泰山도 지났다.

두루 알다시피 곡부는 주나라 초기에 주공의 아들 백금伯禽이 다스렸다고 하는 노나라의 옛 도시로 현재 산동성 남부에 있으며 '현'의 자격이다. '곡부'라는 명칭은 수나라 때부터 쓰이기 시작하였는데, 지성묘至聖廟라고도 하는 공묘孔廟와 공자·자사 등의 무덤이 있는 공림孔林이 있어 동양 예교의 중심지로 존경받아 온 곳이다. 나의 이야기가 조금 지루할 수도 있겠지만 행단이 있는 공묘를 중심으로 그 구조에 대하여 좀더 구체적으로 생각해 보도록 하자. 공자는 인내력 있는 사람만이 제대로 만날 수 있다.

공묘는 공자의 제사를 받드는 묘당廟堂인데, 옛날 노성魯城 서남부에 위치하고 있다. 공묘의 발전단계는 대체로 넷으로 나누어진다. 첫째는 초건단계初建段階로 삼국시대 위나라 황초黃初 2년(221) 처음 공묘가 세워진 시기이다. 공자가 거처하던 3칸의 집을 사당으로 삼아 공자 생전의 옷과 관, 거문고, 수레, 책 등을 보관했던 간소한 형태의 사당이었다. 둘째는 시수시폐단계時修時廢段階로 공묘가 처음 건립된 후 송나라 진종眞宗 천희天禧 2년(1018)에 이르기까지 보수와 황폐가 거듭되던 시기이다. 서진西晉 말에는 공묘가 더욱 황폐화되었고, 남북조에서 수당에 이르기까지 비록 중수가 끊이지 않았으나 공묘는 비루卑陋하여 알아주는 사람이 거의 없었다. 셋째는 확대구제단계擴大舊制段階로 공묘가 옛 체제에서 많이 확대되었던 시기이다. 특히 송나라 천희 연간, 금나라 명창明昌 2년(1191), 원나라 성종成宗 대덕大德 4년(1300), 원나라 순제順帝 지원至元 2년(1336) 등 여러 차례에 걸쳐 사당과 전당이 중수되고 낭무廊廡 등이 대대적으로 건축되었다. 넷째는 규모완성단계規模完成段階인데 현재 우리가 볼 수 있는 규모로 공묘가 완성된 시기이다. 이 때 건물은 명·청 양대에 걸쳐 앞 시대의 것을 중수하거나 새로 지어 그 수와 넓이를 더했다.

이렇게 해서 완성된 공묘는 3개의 궁궐, 1개의 각閣, 1개의 단壇, 3개의 사당, 2개의 무廡, 2개의 당堂, 2개의 서재, 466개의 방과 54개의 문, 2000여 기의 비석이 있으며, 면적은 16만㎡에 달한다. 공묘 안에 있는 건축군은 그 면적이 광대할 뿐만 아니라 기백이 웅혼하며, 시간적으로도 오래되었으나 보존이 비교적 온전하여 세계 건축사상 흔히 볼 수 없는 중요한 자료이다. 따라서 이것은 중국 사람들의 지혜의 결정이라 할 터인데, 역사·고고·건축·조각·회화·서법 등이 구비된 대형 박물관이라 할 것이다. 공묘는 평면적으로 외부外部, 전부前部, 후중부後中部, 후동부後東部, 후서부後西部 등 네 개의 권역으로 나눌 수 있다.

대성전이 후중부에 있으니 이것이 공묘의 중심을 이루고 거기에 들어서는 곳에 다양하게 펼쳐진 비석이며 건물들이 전부, 그 바깥쪽이 외부가 된다. 그리고 대성전의 동쪽에는 공자가 일상적으로 거처하던 집을 형상한 후동부, 서쪽에는 공자의 부모와 관련된 다양한 전각들이 후서부를 이룬다. 곡부의 공림에 대한 전체적 지형도가 그려졌으니 이제 우리의 목적에 좀더 충실하기 위하여 행단에 대하여 살펴보기로 하자. 행단은 후중부 '공자수식회孔子手植檜'의 북쪽, 대성전으로 통하는 길의 정 가운데에 위치해 있다. 행단에 대한 기록은 『장자莊子』「어부漁父」에 보이는데 이러하다.

> 공자가 치유緇帷의 숲을 거닐다가 행단杏壇에 앉아 쉬고 있었다. 제자들은 책을 읽고 공자는 노래를 부르며 거문고를 탔다.

물론 이 기록을 그대로 믿을 수는 없다. 『장자』에 나오는 공자에 대한 다른 기록에 의거하여 보면, 이 기록 역시 우언을 이용하여 인위의 허식을 버리고 자연의 대도를 이룰 것을 역설한 것일 터이다. 장자가 『장자』 「도척편」에서 보여 주는 것과 마찬가지로 유가의 예교주의禮敎主義가 갖는 세속성과 위선성을 비판한 것으로 이해되기 때문이다. 어쨌든 공자는 오랜 유랑생활을 마치고 68세의 나이에 고국 노나라로 돌아왔다. 한 해 전인 67세에는 부인 병관씨가

행단비

죽었고, 돌아온 해 봄에는 제자 염유가 제나라와의 전투에서 승리를 거두었으며, 노나라 계강자는 의례적인 것이기는 하지만 폐백을 보내 당시 위衛나라에 체류하고 있었던 공자를 초빙하였고 공자는 거기에 응하였다. 표면적으로 보면 공자의 유랑은 아무런 성과도 없었다. 그러나 험난한 시대를 위하여 무엇을 시도하였다는 것은 무척 중요한 일이 아닐 수 없다. 만일 공자가 노나라에 머물면서 한직을 즐기며 제자들과 강학하거나 고요한 숲을 찾아 산보나 하였다면 오늘날의 공자가 있었을까? 그는 분명히 성공의 가능성이 없는데도 불구하고 자신의 이상을 실현하기

135

제6장 행단에 관한 상상력

위하여 방황하였다. 이 때문에 그의 이념은 별처럼 반짝일 수 있었으며 동양의 지성을 지탱하는 오랫동안의 버팀목이 될 수 있었다.

노나라에 돌아왔지만 공자는 중용되지 않았다. 그러니까 계강자季康子의 초빙은 현인을 위한다는 하나의 겉치레일 따름이었다. 사실 당시 계강자는 백성들에게 할당되는 세금을 올림으로써 재정수입을 증대시키려고 획책하였고, 백성을 위한 투사처럼 알려진 공자를 초빙함으로써 백성들의 원성을 조금이라도 감소시키려 했을지도 모른다. 이 같은 계강자의 처사에 대하여 공자는 맹렬히 비난했고, 계강자는 여기에 구애되지 않고 공자의 제자 염구冉求를 내세워 가혹하게 세금을 거두어들였다. 이에 공자는 염구에 대하여 '그는 내 제자가 아니다. 여봐라! 북을 치면서 염구를 공격하라! 내가 허락하는 것이다'라며 단호하게 명령하였다. 그 후 염구가 계강자에 대한 자신의 태도를 고쳤는지 어떠했는지는 모르지만 공자는 그가 73세(B.C.479)의 나이로 세상을 떠날 때까지 민족문화에 대한 진지한 인식과 역사에 대한 강렬한 책임감으로 고대문헌의 정리와 후세교육에 마지막 남은 열정을 바쳤다. 이 같은 일련의 행

공자의 제자 염구

위가 바로 행단을 중심으로 이루어졌다고 한다.

공묘 가운데 행단을 건립하게 된 결정적 근거는 앞서 언급한 『장자』 「어부」에 있다. 지금 우리가 보는 대성전 앞의 행단 자리는 원래 공자고택의 '교수당教授堂'이 있던 자리였다. 동한東漢 명제明帝가 동쪽을 순방하면서 공자고택을 지나게 되는데, 그는 친히 이 교수당에서 황태자 및 여러 왕들에게 명하여 경전을 강론토록 하였다. 그 후에 집은 헐리고 한漢·당唐·송宋을 지나면서 한결같이 공묘 정전正殿(대성전)의 기반이 되었다. 그러나 송나라 천희天禧 2년(1018) 대성전을 북쪽으로 옮겨 확장하면서 그 앞, 즉 옛날 교수당의 옛 터에 땅을 고르고 단을 만들어 '행단'이라 하고 그 주위에 살구나무-중국인들은 이렇게 생각하고 있다. 우리나라에서는 은행나무로 여기는데, 이 때문에 서원 등에서 은행나무를 많이 볼 수 있다-를 심었다. 금나라에 이르러 비로소 단 위에 건축물을 세웠으며, 금나라 승안承安 무오년(1198)에 공자의 후손들이 그 내부에 비를 세웠고, 글씨는 당대의 대표적인 문필가였던 당회영黨懷英이 썼다. 단 내에는 후대의 청나라 고종이 그의 친필로 세운 「행단찬杏壇贊」비도 있다.

공자가 여기서 거문고를 연주하면서 진리에 대하여 강론하고 고전을 정리했다고 하여 '행단예악'이라는 성어가 생겼다. 주자는 「논어집주서설」에서 이

행단예악도(부분)

렇게 서술하고 있다. "공자는 끝내 벼슬을 구하지 않으시고『서전』과『예기』를 서술하시고,『시경』을 산정刪定하시고 음악을 바로잡으셨으며,『주역』의「단사」와「계사」,「설괘」와「문언」을 차례로 지으셨다" 명나라 때 그린 것으로 알려진 공자사적도孔子事蹟圖 가운데 행단예악도杏壇禮樂

圖를 보면 이러한 사정을 말해주듯 공자를 중심으로 하여 여러 제자들이 책을 펼치고 토론하면서 분주하게 고전을 정리하고 있다. 이는 자신의 이상을 당대에 이룰 수 없다고 생각한 공자가 후대를 기약하며 벌인 최후의 의미 있는 사건이라 아니할 수 없다.

공자는 노래부르기를 즐겼고, 마음에 드는 노래를 들으면 몇 번이고 반복해서 부르기를 청하여 자신도 따라 불렀다.『시경』「관저」편을 들어 '즐거우면서도 결코 음란하지 않고, 애처로운 부분이 없지 않으나 지나치게 감상적이지도 않다'고 비평하면서

『시경』을 '사무사思無邪'로 요약하기도 했다. 참된 의미로 채워져 있는 『시경』의 내용을 그렇게 표현한 것일 터이다. 시로써 인간적인 감흥을 일으키고, 예로써 인격의 내용을 충실하게 하고, 음악으로 배움을 완성시킨다고 했던 공자, 그의 진리에 대한 고민과 도전의식이 아직도 행단을 중심으로 감돌고 있는 듯했다.

당회영이 쓴 '행단'이라는 전서를 손가락으로 따라 그으면서 정신을 집중해 보았으나 공자의 진리에 대한 갈파는 나의 귀에 들리지 않았고, 그의 세상을 향한 고민은 나의 마음에 전달되지 않았다. 어제 저녁 산동대 왕배원 교수와의 그 터무니없는 대작對酌이 나와 공자의 통로를 이처럼 차단한 것이리라. 이 때 느닷없이 나의 정수리에 찬물을 끼얹는 사람이 있었다. 바로 나의 스승 남명이었다. 남명은 여기에 한번도 와 본 적이 없지만 지금으로부터 약 500년 전 조선이라는 조그마한 땅에서 행단을 중심으로 이루어졌던 공자의 강학 모습을 대단히 정밀하게 그려내었다. 남명이 그린 그 아름다워도 좋을 풍경을 통해 나는 공자를 만날 수 있었다. 이제 우리는 남명이 그린 그림이 구체적으로 어떤 색깔을 띠고 무엇을 말하고 있는지에 대하여 그의 작품 「행단기」를 중심으로 이야기해 보자.

2. 남명이 그린 공자의 강학 풍경
     - 행단(2)

지금부터 남명이 그린 공자의 강학풍경을 엿보기로 하자. 남명은 행단이 오래 전 노나라 대부였던 장문중臧文仲이 쌓았고 또 그에 의해 그렇게 이름 붙여졌다면서 이야기를 시작했다. 그러나 세월이 흘러 이제는 공자가 제자들과 학문을 강론하는 장소가 되었다. 어느 날, 공자는 자유子游, 자하子夏, 계로季路, 안

왼쪽 상단부터 시계방향(자유子游, 자하子夏, 안연顔淵, 계로季路)

140
남명문학의 현장

연顔淵 등과 함께 이 단에 머물게 되었는데, 그때 안연을 돌아보면서 탄식하고 이 단의 이름과 설치 이유를 설명했다. 행단은 장문중이 쌓았으며, 중원中原의 여러 제후들이 회맹會盟한 곳이라는 것이다. 그리고 공자는 거문고를 뜯으며, '더위가 가니 추위가 오고, 봄이 감에 다시 가을이 오네'라며 쓸쓸히 노래하였다. 이에 총명한 제자 안연은 공자에게로 나아가 두 번 절하고 글을 짓는다. 이를 장문중과 공자의 경우로 나누어 요약하면 다음과 같다.

    가. 장문중의 경우
     A. 행단에서 여러 제후국들과 맹약을 주재하는 회동을 가졌다.
     B. 동주東周의 운수를 회복하지 못했고 오랑캐의 침략도 막지 못했다.
     C. 장문중은 한 나라의 대부에 지나지 않았다.
    나. 공자의 경우
     A. 행단에서 도학을 강론하고 의리를 창도했다.
     B. 왕실을 업신여길 수 없다는 것과 중국이 오랑캐와 다르다는 것을 알게 했다.
     C. 공자는 천하의 성인이 되었다.

'A'는 행단에서의 행위를, 'B'는 그 행위에 대한 효과를, 'C'는 최후의 평가를 나타낸 것이다. 장문중은 '가-A'와 같이 행단에서 여러 제후들과 회맹하면서 군대의 문제를 논의하였지만 '가-B'와 같이 땅에 떨어진 주나라 왕실의 권위를 되돌려 놓지 못했고 오랑캐의 침략 역시 늦추지 못했다. 이 때문에 안연은 주공의 위엄을 빙자하여 제후를 속인 짓이라며 장문중을 비판하였다. 그리하여 장문중은 '가-C'처럼 한 나라의 대부에 지나지 않게 되었던 것이다. 이에 비해 공자는 '나-A'와 같이 행단에서 도학을 강론하고 의리를 창도하여 천리의 공명정대함을 밝혔기 때문에 '나-B'와 같이 안으로 사람들이 왕실을 업신여길 수 없었고 밖으로 중국이 오랑캐와 다르다는 것을 알게 하였다. 따라서 공자는 '나-C'와 같이 천하의 성인이 될 수 있었다는 것이다.

그렇다면 장문중과 공자의 근본적인 차이점은 무엇일까? 안연은 이를 정치형태에서 찾았다. 장문중의 패도정치와 공자의 왕도정치가 그것이다. 패도정치는 인정仁政을 가장하여 권력을 행사하는 경우이다. 장문중은 유하혜柳下惠가 현명하다는 것을 알면서도 그를

행단강학도(명, 오빈작)

등용하지 않았고, 행단에서의 회맹을 통해 강자가 약자를 업신여기고 포악하게 굴었다는 데서 그 이유를 알 수 있다. 이에 비해 왕도정치는 인의仁義의 덕이 안으로 충실하여 그것이 선정으로 나타나는 경우이다.
공자는 행단에서 인仁에 기반한 강학활동을 전개하면서 전통문화를 정리하고 그것을 후세에 남기고자 하였다. 장문중의 이익利益을 위주로 한 행단활동과 공자의 의리義理를 위주로 한 행단활동은 그 결과에 대한 차이가 하늘과 땅만큼 난다고 하면서, 안연은 이치가 이렇게 자명하니 후세의 선비들은 무엇을 본받아야 할 것인가를 따져 물었다. 그리고 행단을 쌓은 것도 장문중이고 그렇게 이름 붙인 것도 장문중이지만, 후세 사람들은 이 행단을 '장씨의 단'이라 하지 않고, '공씨의 단'이라 할 것이라며 말을 덧붙였다.
여기서 안연은 공자의 탄식과 '더위가 가니 추위가 오고, 봄이 감에 다시 가을이 오네'라는 노랫말을 상기시켰다. 그리고 그 이유를 설명하였다. 단을 바라보면서 한 공자의 탄식은 그 단을 쌓은 장문중을 사모해서가 아니라 장문중이 왕도정치를 보좌할 만한 재주가 없었던 것에 기인하며, 세월의 흐름을 노래로 안타까워한 것은 흘러가는 세월 자체에 대한 안타까움이 아니라, 도가 행해지지 않는데도 세월은 덧없이 흘러가기 때문이라는 것이다. 후세에 이 행단에 오르는 사람이 공자의 이 같은 탄식과 시간에 대한 절박감을 감지할 수 있을까 하면서 안연이 글을 마치자, 계로가 일어나서 노래로 요약해 주었다.

평평한 이 단에는,	壇之町町
군자가 살지만,	君子之居
더러운 저 들판엔,	穢之野兮
우리 도가 미약하구나.	吾道之微
누가 장차 서쪽으로 돌아갈꼬?	誰將西歸
좋은 소식을 품고서!	懷之好音

공자의 강학이 이루어지고 있는 행단과 더러운 저 들판으로 표현된 부조리한 정치현실, 그리고 왕도정치를 다시 실현할 수 없는 것에 대한 안타까움이 탄식의 형태로 잘 표현되어 있다. 이에 공자는 "그래"라고 말하며 계로의 노래에 응답할 뿐 말이 없었다.

이 같이 남명이 「행단기」를 지어 공자의 강학풍경을 상상한 데는 그만한 이유가 있다. 즉 공자가 살았던 시대상황과 남명이 살았던 16세기의 시대상황이 비슷하다고 생각하고, 공자의 탄식을 통해 자신의 탄식을 드러내기 위함이었다. 16세기의 현실은 정치적으로는 사화가 일어나 현인들이 목숨을 잃고, 남북에서 이민족이 끊임없이 침입하였으며, 사회적으로는 잦은 부역과 공물이 천재지변과 겹치면서 민중들은 유리하게 되고 침탈에 견디지 못한 민중은 도적이 되어 저항하게 된다. 이 같은 상황임에도 불구하고 학자들은 형이상학적 이론 위주의 학문에만 골몰하였다. 그러니까

16세기의 조선현실은 회복 불능의 상태로 빠져들고 있었던 것이다. 남명은 여기에 대하여 심각한 문제를 제기하며 「행단기」를 지었던 것이다.

「행단기」의 창작 이유를 알았으니, 이제 남명학 전체에서 이 작품이 무엇 때문에 중요한지를 생각해 보자. 「행단기」는 ① 남명의 사물관事物觀이 잘 나타난다는 점, ② 천명에 대한 인식을 보여준다는 점, ③ 우의적 기법을 활용하고 있다는 점, ④ 기문 서술의 새로운 방식을 보여준다는 점, ⑤ 바람직한 교육목표와 방법 등을 제시한다는 점 등에서도 중요하다. 앞의 둘이 내용과 관련된 것이라면, 그 다음의 둘은 형식에 관련된 것이고, 마지막의 것은 이 둘을 통한 실천적 측면과 관련된 것이다. 여기에 대하여 간단히 살펴 남명의식의 한 단면을 명확히 이해하도록 하자.

첫째, 「행단기」에는 남명의 사물관이 적기되어 있다. '도물사인睹物思人'이 그것인데, 이는 사물을 보면서 그 사물과 관련된 사람을 생각한다는 것이다. 이 용어는 남명이 공자의 입을 빌어 한 발언이다. 공자가 행단을 보면서 '사물을 봄에 사람을 생각하게 되나니 느낌이 없을 수 있겠는가'라고 하였다. 이는 사물에 대한 남명의 기본적인 태도라 하겠는데, 1558년 4월에 이루어졌던 지리산 기행을 마치고 「유두류록」을 남기게 되는데 여기에도 좋은 예가 있다. 당시 남명은 이 여행을 통해 역사적 인물 여럿을 만난다. 한유한韓惟

漢·정여창鄭汝昌·조지서趙之瑞가 대표적이다. 이들과의 만남은 모두 사물을 통해 이루어지고 있다는 데 주목할 필요가 있다. 즉 악양현을 지나면서 강가의 삽암鍤巖을 보고 한유한을 생각하게 되었고, 정여창이 살던 옛 집터를 보면서 또한 그를 생각하였으며, 정수역旌樹驛 객관 앞에 있었던 정씨 부인의 정문旌門을 보면서 조지서를 생각하였던 것이다. 여기서 우리는 '삽암', '정여창의 옛 집터', '정문'이라는 '사물[物]'을 보면서 '한유한', '정여창', '조지서'라는 '사람[人]'을 생각하게 되는 '도물사인'이라는 남명의 사물관을 분명히 읽게 된다. 이 같은 사물관이 남명의 작품집에는 도처에 나타나게 되는데, 이를 통해 남명은 자신이 살고 있는 시대인식을 명확히 하고자 했다.

둘째, 「행단기」에는 남명의 천명에 대한 인식이 잘 나타나 있다. 안연이 기록한 기문 가운데, '아아! 문중이 이 단에 이르러 맹약할 때는 주나라 왕실의 위엄이 허물어지기 전이었지만 이를 구원할 수 없었고, 선생(공자)께서 이 단에서 감상을 일으키신 때는 주나라 왕실이 이미 어지러워진 뒤이건만 이를 바로잡고자 하셨으니, 시대의 행幸·불행不幸과 세상의 치治·불치不治는 천운이리라'고 한 부분에 주목할 필요가 있다. 천운은 천명이라는 말로 환치가 가능한데, 성인인 공자가 주나라 왕실이 어지러워진 뒤에 태어나 이를 바로잡고자 하였으나 시대가 불행不幸하여 결국 세상이 다스려지지 않았다[不治]는 것이다. 물론 남명의 천명에 대한 인식이 「민암부」에 드러나는 것과 같이 '천-군-민'의 역동관계에 입각한 경우도 있지만, 시대의 부조리로 인해 발생하는 능력 있는 자의 불행 역시 여기에 해당한다고 보았다. 지리산 유람을 통해 정여창에게 느낀 감회에서 이 같은 사실은 약여하게 드러난댜. 즉 정여창이 학문이 깊고 독실하여 우리 도道의 실마리를 마련하였지만 결국 연산군 치하의 불행한 시대를 만나 죽임을 당하고 말았으니 이것은 천명이라는 것이다. 이 같은 논리는 「누항기」에서의 안연, 「엄광론」에서의 엄광에게도 적용되던 일관된 것이었다.

셋째, 「행단기」에는 우의적 기법이라는 작품의 창작원리가 제시되어 있다. 「행단기」는 분명히 남명이 창작한 작품이지만 남명은 안연이 지었다고 기록하고 있다. 즉 서술기법 자체가 있는 것에 대한 객관적인 기록이 아니라 있었을 법한 것에 대한 가상의 세계를 우의적으로 기술하고 있다는 것이다. 그렇다면 무엇 때문에 이 같은 우의적 태도를 취한 것일까? 『장자』「잡편」 우언寓들에 '우언의 십분의 구는 공평한 자료를 빌어 예기하는 것이다. 친부모가 자식을 위해 중매말을 하지 않는 것은 남이 칭찬하는 것보다 설득력과 신빙성이 없기 때문이다'라고 하였다. 즉 남명은 스스로의 생각을 드러내기 위하여 공자의 생각과 안연의 기록을 빌리는 것이 더욱 설득력이 있을 것이라 믿았다. 남명이 즐겨 읽었다고 하는 『장자』는 거의 이 같은 기법으로 서술되어 있다는 점과 우언소품寓言小品에 뛰어났던 유종원柳宗元의 고문을 남명이 좋아했던 점을 상기시킬 때 「행단기」에서의 우의를 활용한 기술방법은 어쩌면 당연한 것이다. 이 밖에 공자의 제자 증삼曾參의 기록으로 가탁한 「누항기」나 「신명사명」을 지어서 그것에 바탕하여 김우옹에게 심성을 의인擬人한 「천군전」을 짓게 했던 사정에서도 동일한 원리가 적용된다.

 넷째, 「행단기」에는 '기'의 새로운 기술방법이 제시되어 있다. 이 작품은 행단의 유래에 대해서 공자가 간단히 설명한 서사, 장문중과 공자의 행단에서의 역할을 길게 서술한 안연의 본사, 앞의 글을 요약하며 노래로 시대를 슬퍼한 계로의 결사로 요약할 수 있다. 그러니까 글은 한 편이지만 세 사람이 서사와 본사, 그리고 결사를 나누어 서술하는 방법을 취한 것이며, 이 세 사람을 대표하여 안연이 기록하였다고 했다. 기문을 짓는 기본적인 태도는 사실과 사건의 객관적 기술에 있다. 궁실이나 누각이 세워진 내력, 산수의 유람, 일기와 같은 성격을 지닌 일록日錄 등이 대체로 그러하다. 물론 여기에는 작가의 소감이 상상력과 결부되면서 사실의 기록이라는 본래의 취지를 훨씬 벗어나기도 한다. 그러나 「행단기」와 같이 입론 자체가 상상에 기반하고 있는 것은 '기'의 흔한 서술방식이 아니다. 갈천葛川 임훈林薰의 「누항기」나 「용문기」 등에서도 나타나지 않는 바 아니나 이것은

일반적인 기술태도라 할 수 없다. 이 점에서 남명이
지은 다른 작품 즉 「영모당기」, 「함허정기」, 「삼우당
문공묘사기」 등과 달리 이 작품은 「누항기」와 함께
그 형식의 측면에서도 특기할 만한 작품이라 하겠다.

다섯째, 「행단기」에는 바람직한 교육목표와 그 방
법이 제시되어 있기도 하다. 『논어』의 소위 '사과십
철四科十哲'에 근거할 때 이 작품에는 남명이 공자와
함께 덕행에 뛰어났던 안연顔淵, 정치에 일가견이 있
었던 계로季路, 그리고 문학에 남다른 장기를 소유했
던 자유子游와 자하子夏가 함께 등장한다. 이 가운데
공자는 안연을 보고 행단에 대하여 질문을 던지고
안연은 거기에 따라 글을 지었으며, 계로가 시대를
향하여 가슴 아파하는 노래를 불러 공자의 수긍을
얻어냈다. 문학에 능했던 자유와 자하는 어떤 역할도
하지 않았다. 여기에서 우리는 남명이 안연과 같이
덕행을 가장 중시했다는 점과 계로와 같이 정치현실
을 직시하였다는 점, 그리고 문학에 대하여 관심을
지니고 있었으나 소극적이었다는 점 등을 두루 이해
하게 된다. 이로 볼 때 남명의 교육목표는 안연과 같
은 덕성을 기르는 데 있었다 하겠다. 이와 아울러 「행
단기」는 공자 및 그 학단의 교육방법을 잘 보여 준다.
즉 단을 중심으로 한 공자의 질문과 그 가르침, 여기
에 기반한 안연의 산문적 진술, 그리고 계로의 운문
적 요약과 현실에의 적용 등 공자 학단의 교육방법
이 구체적으로 제시되어 있다는 것이다. 행단을 중심

으로 한 공자의 교육방법은 남명의 상상에 의한 것이다. 그러니 이것은 남명이 제시한 이상적인 수업모델일 수 있어 주목할 만하다.

인류의 위대한 스승 공자! 그는 참으로 '안 되는 줄 알면서도 행했던 사람(是知其不可, 而爲之者)'이다. 『논어』「헌문憲問」편에 보면, 계로가 노나라 성문 밖에서 묵은 적이 있는데, 그 때 계로가 자신이 공자의 제자임을 밝히자 그 문지기는 위와 같이 평가했다고 한다. 문지기는 비꼬는 투로 말했지만, 나는 오히려 이 평가에서 공자의 위대성을 읽는다. 지식인의 사명의식과 세상을 향한 뜨거운 가슴이 있기 때문이다. 혼란스런 세상을 방치해 두는 것은 지식인의 바른 태도가 아니다. 이를 인식한 공자는 세상을 향한 뜨거운 가슴으로 행단에서 열심히 강의를 했고, 남명은 바로 이 점을 감지하면서 16세기의 조선을 눈물로 구하고자 했다. 안 되는 줄 알면서도 하지 않을 수 없는 것, 이것은 지식인들이 반드시 지녀야 할 숙명과도 같은 것이다.

공자상

저자 약력

1964년 경상북도 성주 출생
경북대학교 국어국문학과 졸업
동대학원 문학박사
영산대학교 교수 역임
현 경북대학교 국어국문학과 교수

논저

『남명문학의 철학적 접근』
『남명설화 뜻풀이』
『16세기 사림파 작가들의 사물관과 문학정신연구』 외 다수

남명문학의 현장

인 쇄	2006년 12월 18일
발 행	2006년 12월 28일
저 자	정 우 락
발 행 인	한 정 희
편 집	장 호 희
발 행 처	경인문화사
주 소	서울특별시 마포구 마포동 324-3
전 화	02-718-4831~2
팩 스	02-703-9711
이 메 일	kyunginp@chol.com
홈페이지	http://www.kyunginp.co.kr
	한국학서적.kr
등록번호	제10-18호(1973. 11. 8)

값 7,000원
ISBN 89-499-0431-4 04810
ⓒ 2006, Kyung-in Publishing Co, Printed in Korea
*잘못된 책은 교환해 드립니다.